あなたの未来を拓く通信制大学院

日本大学大学院・宮本ゼミの12年のドキュメント

宮本　晃

東信堂

まえがき

この本は、仕事を継続しながら勉強と研究ができる、通信制大学院を目指す社会人のために、手引き書として刊行した。大学院といえば、一般に専門家や研究者の育成を考えがちだが、日本においても大学院教育の需要が増しており、専門知識の習得だけではなく、自分に対する投資として、大学院教育の価値は高まってきた。特に教育の分野においては、平成二十二年に中央教育審議会から、「教員の資質能力の総合的な向上方策」について諮問が出され、教職大学院制度の創設が提案されている。このような社会状況の変化とニーズへの対応として、通信制大学院は社会人に、最適の教育機会を提供している。なおこの本では、通信制大学院の選び方、そして学生生活をどのように過ごすか、また、研究の成果である修士論文完成までの過程を指導する教員の視点から解説し、さらに修了生の体験談を織り交ぜて、実感が湧くよう配慮した。

日本における通信制大学院（博士前期課程・修士課程）は、平成十一年に初めて開設され、日本大学大学院、佛教大学大学院、明星大学大学院、そして聖徳大学大学院の四校であった。そして通信制の大学院はその後次々と開設され、平成二十二年度には二十六の大学院にて、通信教育課程が設置されている[1]。

わが国における大学通信教育の歴史は古く、昭和二十五年に正規の大学教育課程として初めて認可されて以来、学びたい人たちのニーズとともに、六十年以上にわたって成果を上げてきている。これまでに数多くの卒業生が巣立ち、様々な分野で活躍している。平成二十二年度には、通信による教育を行う大学は四十二校、大学院を置く大学は二十六校、短期大学は十一校である。正規の学生数（平成二十一年度調査）は、大学が約十八万一千人、短期大学は約二万人、大学院は約三千八百人となっている[2]。しかしながら、通信制の大学院は認可されてから十二年しか経過しておらず、社会的にはまだ十分に知られていないのが現状である。

通信制大学院が開設された理由としては、社会人にとって通学できる範囲に必ずしも希望する大学院がないことや、通学制では地理的と時間的な制約があるためである。このため通信制大学院は、学習意欲が高い社会人を対象とし、教育機会を広く提供することを目的としている。さらに大学院は、基礎研究を中心とした学術研究の推進と共に、研究者の養成、および高度な専門的能力を有する、人材育成という役目を担っている[3]。この他の理由として、情報通信技術の発達とインターネットの普及により、従来の通信教育で実施されていた郵送などの教育手段に加えて、新たな情報通信メディアを利用できる点が挙げられる。この新しいメディアの活用により、これまでの教育手段は紙ベースであったのが、電子メールやホームページなどの学習環境の変化によって、「いつでも」、「どこでも」、「誰でも」学習と研究ができるようになった。日本大学を例に挙げると、日本大学大学院総合社会情報研究科（修士課程）は、学部を持たない独立研究科として発足した。当時、通信制大学院の設置を待っていた社会人がいかに多かったかを示すと、平成十一年の開設時には二百七十四人が受験し、百二十四人が本大学院に入学している。そして二年後の平成十三年には、八十九名が大学院を修了し、修士号を取得している。その後修士課程は十二年を経て八百九十四名の修士を輩出し、平成十五年には博士後期課程も開設され、既に三十七名の博士が誕生している。

通信制大学院が、社会的にはまだ十分に知られていないと前に述べたが、筆者は本大学院の申請時から開設準備に携わり、新しい通信制大学院とはどうあるべきか、そして新しい情報通信メディアをいかに活用するかを模索してきた。さらに、通信制大学院の対象者は社会人なので、彼らが大学院に何を期待し、大学院は彼らにどう対応すべきかを常に考えながら、ゼミの運営をしてきた。

そして開設から既に十二年が経過した現在、大学院通信教育の新しい教育方法、すなわち大学院生のための新しい学習方法を蓄積し、確立できたと考えている。この間に筆者は、文部科学省の大学設置審議会・通信教育専門委員会委員を経験し、また、大学基準協会における大学通信教育基準策定にも参画した。一方、ゼミの運営に関しては、これまでゼミ生と議論を重ね、成果としてインターネット上に、ヴァーチャルな研究室を完成させた。そして、通学制の大学院と比較しても遜色ないような研究室、すなわち在校生だけではなく修了生をも含めた、コミュニティーを創造できたと考えている。

注

1　二〇一一大学通信教育ガイド、大学院編、私立大学通信教育協会
2　二〇一一大学通信教育ガイド、大学・短大編、私立大学通信教育協会
3　1と同じ

あなたの未来を拓く通信制大学院　目次

あなたの未来を拓く通信制大学院

日本大学大学院・宮本ゼミの12年のドキュメント

第一章　大学院開設の経緯

一　開設の準備

筆者が本大学院と最初に関わったのは、平成九年後半からだと記憶している。平成九年十二月に、文部省の大学審議会から通信制大学院に関する答申が出され、平成十年三月には、大学院設置基準の改正が予定されていた。これにより日本大学においても、通信制大学院の設置に向けて、通信制大学院設置検討委員会専門委員会(委員長は秋山副総長)が既に発足していた。この委員会に筆者が参加した理由は、筆者が平成六年に開設した日本大学総合学術情報センターの設立に携わり、その後衛星を使った遠隔授業や学内のネットワーク整備などに、関与していたからである。この頃既に筆者は、新しい遠隔教育の実施に向けて、当時普及し始めていたインターネットと、パソコンの利用を提案していた。しかしながら、約五十年の歴史を持つ日本大学通信教育部との関係から、通信制大学院設置に向けての動きは鈍かった。

平成十年四月十六日に、加藤通信教育部長から総長・理事長宛に、通信制大学院の設置について上申書が提出され、五月九日には通信制大学院設置検討委員会委員長から報告書が提出されて、新しい大学院の設置が理事会にて承認された。学内で通信制大学院の設置申請を正式に決定してからは動きが急に加速し、五月初旬には、瀬在幸安総長から筆者は呼び出しを受け、「君を医学部から、新しく開講する通信制大学院へ移す。」と言われて、とても他人事ではなくなった。瀬在総長は医学部の出身であり、筆者の医学部時代におけるボスである。「来週アメリカの学会に行きますので、少し考えさせてください。」と返事をしたものの、新しもの好きな筆者にしてみれば、新たな挑戦なのでかなり心を動かされた。

当時、文部省への大学院の設置申請は、年に一回だけであり、期限は六月末であった。帰国後直ちに通信教育部長の加藤先生に会いに行き、筆者に何ができるかを相談した。大学院の構想は加藤先生によって既に固められていたが、最大の課題は、どのような教育手段を用いれば、新しい通信制大学院が認可されるかにあった。本邦の大学通信教育には長い歴史があり、従来の通信教育の手段は、主として郵送に依るレポートの添削であった。このため今回の申請では、大学院の教育レベルを保ちながら、対象となる社会人の学生をどのように指導できるかを、示さなくてはならなかった。

最初に考えたことは、筆者が修了した大学院の、二つのイメージである。一つは日本大学医学部の博士課程であり、もう一つは、米国オハイオ州にある、ライト州立大学医学部の修士課程である。大学院といっても専門分野が異なると、教育方針や研究方法は違ってくるだろう。しかしながら、共通して言えることは、大学院は学生が主体であり、教員が手取り足取り教えるのではなく、学生は自ら学ぶことが必須である。このためには、学生と教員との信頼関係が重要となり、いかに良い人間関係を構築できるかが勝負と考えた。

一方、はたして志願者が集まるかという不安もあった。本学では既に、通信教育部在学生に対して進学希望を調査しており、約三十一%が大学院への進学を希望していた。さらに平成九年に、私立大学通信教育協会が実施した、通信教育の学生に対するアンケート調査結果によれば、約三十七%の学生は大学院進学を希望すると回答し、それは希望しないという回答のほぼ二倍に達していた。こうした通信教育の在学生の要望は別にしても、通信教育の卒業生は本学だけでも二万人以上を数え、総数十万人以上に及ぶ全国の通信教育卒業生の進学意欲が相当高いことは、通信制大学院開設に関する本学への問い合わせが絶えないことにも現れていた。もちろん、その中には一般の大卒者も含まれていた。

平成十年十二月十八日における日本大学への資料請求数をみると、資料請求数は千八十五名

（重複の可能性あり）、電話によるもの五百四十件、雑誌「仕事の教室」同封の資料請求はがきによるものが、五百二十件あった。本大学院では平成十一年一月三日から募集を開始したが、入学案内送付件数は二千六百二件に達した。

その後、平成十年十月には教育内容検討委員会が設置されたので、毎週会合を重ねて、通信制大学院における教育方法を決めていった。そして十月二十六日には、文部省による最初の視察を受けている。本邦初の通信制大学となるため、文部省も認可には慎重であり、大きな関心を持ち対応していたようだが、十二月二十日には日本大学へ、設置認可の内示があった。

二　情報の収集

学内で通信制大学設置の申請が決定してから、筆者は遠隔教育に関する情報を集め始めた。あるとき車の運転中にラジオから聞こえてきたのは、社会人学生の特集番組であった。社会人として働きながら学ぶことの難しさや、高学歴がこれから必要だなどの話の後に、「では、社会人学生として学んだ際に、最も貴重で嬉しかったことは何ですか」という質問があった。彼らの答えで最も印象に残ったのは、「普段出会えないような、職種が違う沢山の友人が出来たことです」であった。筆者は仕事の関係でたびたび職場を替えてきたが、所詮医学関連の世界で生きてきた。しかし、医学部で学ぶ前に上智大学の理工学部を卒業しているので、今でも医療関係者以外の友人は多い。医者は世間知らずと言われるように、医師の世界はとても狭く、医師以外の人間関係は、筆者にとって貴重な財産である。以前、医学部学生の講義中に、「医者じゃない友人をつくりなさい。さもないと、一生病気と患者さんの話ししかできませんよ」と言ったのを想いだし、彼らの話にピンと来た。この頃から既に、通信制大学院には交流の場を作り、様々な職種の人達が出会えるような、システム構築を考え始めていた。

また、米国の遠隔教育団体の副会長による講演があったので、参加してみた。彼はテレビ会議システムの売り込みも兼ねていたので、そのシステムがいかに素晴らしいテクノロジーであるかを強調した。そして、例えば学生が病気で入院中であっても、病室で療養しながら授業を受けられると言った。当時、米国は遠隔教育の先進国であったので、日本の通信教育の参考になると、筆者は素直に受け止めた。しかし疑問が湧いたので、質問をしてみた。「将来、このような素晴らしいテクノロジーがさらに進歩すると、通学制と同じような教育が、遠隔教育でも可能になるでしょう。ではあなたの子供が教育を受けようとするとき、あなたは通学制と遠隔教育のどちらを勧めますか」。彼はしばらく考えてから、言った。「そうですね、私は通学制を勧めます。何故ならば、通学制ならアメリカン・フットボールを楽しむことができますからね」。言い換えると、教育の全てが遠隔教育になると、米国の大学で花形のスポーツである、アメリカン・フットボールをする人がいなくなる。つまり、いくら情報通信技術が進歩しても、通学制の良さは遠隔教育に勝るのだろう。

米国の遠隔教育に詳しい、メディア教育センターの吉田文氏(現早稲田大学教授)の講演にも参加した。日本に較べて米国では、かなり前から遠隔教育が盛んとなり、最初は大学間の競争は激しかったが、このとき既に淘汰が始まっていた。確かフェニックスという大学が遠隔教育では一人勝ちし、他の大学は縮小傾向にあるという。そして生き残ったフェニックス大の教育手段は、ラーニング・マネジメント・システムなどを利用した特別なものではなく、電子メールなどのシンプルな手段を用いていると言う。つまり、教員と学生間のコミュニケーションが良ければ、ウェッブサイトを用いた教材の配信や、テレビ会議システムなどが不要なことを示唆していた。

一方、遠隔教育に関する国際シンポジウムでは、情報通信技術を駆使した遠隔教育の例が紹介された。もちろん校舎は無く、完全なバーチャル大学である。自宅からパソコンを使い大学にアクセスして講義を受け、そして試験もネット上で受けられる完璧なシステムである。さらに大学側ではコールセンターなどを用意して、質問を受ける準備も整えた。しかし実情として、学生はこれら人間の助けを全く必要とせず、機械を相手に学習しているという。これは遠隔教育の究極の姿を示しているが、筆者はなにか釈然としなかった。

ある企業の講演会では、大学内の学生と教員全てに同じパソコンを配布し、学内の情報化を実践した米国の例が紹介された。最初教員側に多少の戸惑いはあったようだが、次第に慣れて成果が上がっているという。ここで同じパソコンを全員に配布した理由は、情報システムを一元管理するためである。使用者がマックやウィンドウズなどバラバラなOSを使っていると、情報は混乱する恐れがある。面白かったのは、そのパソコンの選定基準である。もしパソコンを配るのであれば、そのパソコンを貰って喜ぶような、高性能なパソコンにする。つまりパソコンを既に使用している者にとっては、安くて性能が悪いパソコンを貰っても、そのパソコンを使わないからだという。もちろんこれには企業の宣伝も含まれているだろうが、利用者の気持ちを十分に理解できた。

三　大学院のイメージ作り

筆者は、これまで二つの大学院を修了しているので、大学院ではどのような組織と体制で教育を行い、大学院生はどのように勉強と研究をするかを知っていた。最初の大学院は日本大学大学院医学研究科（博士課程）であり、医学部を卒業した直後に入学し、博士論文の学位審査を経て、四年半で博士号（外科学）を取得している。当時の医学系の大学院では、六年間の医学部を卒業すれば臨床系の大学院に直ちに入学ができた。しかし最近では、臨床経験を経てからでないと、直ぐには入学できないシステムになっている。大学院であるから勿論入学試験があり、英語とドイツ語の二カ国語の試験、それと指導教授の面接試問があったと記憶している。

医学部における大学院生の生活は、毎週指導教授の下で抄読会が開かれ、数名の院生が英文の学会誌から論文を紹介する。しかし、この教室に上級生は数名いたが筆者の同級生はおらず、臨床の合間に英語の文献を読み、苦労した想い出がある。一方、大学院としては特別な講義は無く、教授の話や先輩の話から、自分自身で学ぶだけであった。さらに研究に関しても、このようなテーマではどうかと教授や先輩から言われただけで、研究計画を自分で立て、図書館で必要な文献を探しながら、一人で実験を行った。今振り返ってみれば、研究とは自分でやるものだと教えられたのだ。また院生の義務として、専門分野の学会に参加し、その分野における最先端の議論を聞いた。自分の研究テーマがどのようなレベルに位置するのか、そして研究する目的や意義も学んだ。博士論文の審査基準の一つとして、全国レベルの学会で発表する必要があり、学会会場での専門家からの指摘は、とても勉強になった。

二つ目の大学院は、米国オハイオ州デイトンにある、ライト州立大学医学部の大学院(修士課程)である。この大学院に入学した目的は、これまで専門としてきた心臓外科に加えて、航空宇宙医学の知識を学ぶためであった。当時、筆者は日本人宇宙飛行士の医学選抜に携わっており、将来宇宙飛行士の健康管理をする上で、宇宙医学を学ぶ必要があった。このとき筆者は四十五歳になっていたので、久しぶりの学生生活となったが、英語に関してはいささかの不安があった。入学試験は特に無く、指導教授であるモーラー教授との面談だけで、入学は許可になった。筆者が強調したのは、日本の医師免許を持ち、学会で認定された心臓外科の専門医であること、そして人工心臓におけるこれまでの研究歴である。ライト州立大学の大学院は、当時民間人が航空宇宙医学を学べる世界で唯一の大学院であり、学生は世界中から集まっていた。しかし、彼らは医師とはいっても研究歴は少ないので、筆者の経歴を少しは高く評価してくれたのだろう。

この大学院での教育は、一年目に講義と試験があり、二年目は研究と修士論文の作成であった。講義の科目は多岐にわたり、航空宇宙医学をはじめとして、疫学、生物統計学、そしてマネジメントがあった。この大学院の課目としてマネジメントがある理由は、このコース自体が宇宙飛行士の健康を管理する、フライト・サージャンの育成を兼ねていたからである。フライト・サージャンの役割だけではなく、病院やどのような医療施設に勤めても組織があるかぎり、医師にはマネジメントが必要とされるからである。なお、このコースを修了した者は、NASA（アメリカ航空宇宙局）やFAA（連邦航空局）に勤めるか、あるいは民間の航空会社などの医師として活躍している。

筆者はこれら二つの大学院の経験から、筆者なりに大学院のイメージを作っていた。大学院とは、自ら学び、自ら研究をし、自分で研究成果を残すことであろう。言い換えると、大学院の教育は学部教育とは全く異なり、単に知識を教えることではなく、院生を育てることだと信じている。

四　履修および研究指導方法

本邦初の通信制大学院を申請するにあたり、通信制の大学院教育を通学制と同等以上の水準に保つために、履修方法および研究指導方法を最初に決めた。履修指導においては、科目に適した内容の教材を配布し、その履修状況を科目担当教員が常に把握できる体制をとると共に、面接による直接指導の手段も確保した。具体的には、担当者が選択する市販の「基本教材」を二冊配布し、さらに補助教材のリストを配布した。学生の履修方法は、在宅学習とスクーリング学習の併用とした。在宅学習は、担当教員から電子メールを主体とする情報通信メディアによる指導を受け、ネット上でレポートを提出する。二冊の基本教材それぞれに、レポートを二通ずつ提出するようにした。スクーリング学習は、科目によりメディアスクーリングと面接スクーリングを併用し、集中スクーリングは夏期と冬期に実施する。

メディアスクーリングは、大学が指定した日時・場所（本学付属施設等）で、衛星通信およびパソコン（動画）による双方向メディアを用い、本学の科目担当教員と地方のティーチングアシスタントを常置させて行う。面接スクーリングは、大学が指定した日時・場所で本学の科目担当教員が従来の方法で行う。研究指導においては、研究テーマに即した指導教員による個別指導とし、継続的に指導する体制によって、専門的学識と全人的見識も確立されるよう配慮した。

五　メディアの選択

大学院設置を文部省に申請するにあたり、筆者が担当したのは教育手段である情報通信メディアの選択であった。これは、通信制大学院が通学制と同様な教育水準を保ち、大学院が通信教育として認可されるためには、最も重要な課題であった。幸いなことに日本大学では、総合学術情報センターが平成六年に開設され、衛星通信を用いて各キャンパスを結び、遠隔授業を既に実施していた。また、この総合学術情報センターの施設と実践があるため、当時最先端の情報通信メディアが利用可能であった。通信教育において教育手段を考えるとき、それぞれの目的に適合した情報通信メディアの選択が鍵となる。

まず利用可能な情報を分類してみると、文字情報（電子メールやメーリングリスト）、音声情報（電話）、画像情報（メールの添付書類やホームページ）、動画情報（サイバーゼミシステムや衛星通信）などがあり、勿論ファックスや郵送もある。臨場感がありグループ間で使用できる手段としては、サイバーゼミ・システム（お互いの顔、音声やコンテンツの送受信が可能）を挙げるが、社会人の場合ネットワークに接続可能なのは夜間か休日となり、またそれぞれの業種は異なるので、学生全員を同時に集めるのはなかなか難しい。このため参加できなかった人のためには、後日録画した内容をＶＯＤ形式で見る方法も考えた。すなわち、教育のメディアを選択する際には、同期か非同期か、そして片方向か双方向かを考慮する必要がある。ここで言う双方向性とは、リアルタイムの双方向ではなく、数日以内の、メールなどによるコミュニケーションを意味している。

本大学院の場合、大学院教育は基本的に個別指導と考え、カメラ付きのパソコンを全院生と教員に配付し、顔を見ながら指導を行う予定であった。しかしながら、当時はインターネットの環境が整っておらず、音声や画像が途切れて使いものにならなかった。

六　企業との提携

通信制大学院のシステムを構築するにあたり、企業との連携が必須と考えた。当時遠隔教育に関心を示していた企業は多かったが、日本で初めての通信制大学院であるため、どの企業にとっても未経験な領域だった。筆者が相談を持ちかけたのは、ＮＴＴである。その理由としては、学生の自宅から大学への回線確保が、広大な電話網を持つＮＴＴなら可能と考えたからである。学生の自宅は全国に散らばると予想でき、彼らは自宅で学習するので、インターネット回線は通信教育の生命線である。もしインターネット回線が繋がらなければ、学校に行くための交通手段が無くなるのと同じである。

平成十年十月に大学院開設準備室が開設されると同時に、ＮＴＴに協力を依頼したところ、若手の営業マンと技術者を快く派遣してくれた。筆者にとって大学院のシステム構築は初めての体験であったが、もちろん彼らにとっても新しい挑戦であったと思う。若い彼らの情熱があったからこそ、現システムができたといつも感謝している。

最初に、パソコンとインターネットを活用するシステム構想をＮＴＴに説明し、同時に自宅と大学間の回線確保を依頼した。次にパソコンの選定、大学院の機器構成、レポート添削の手段、学生と教員の密接な関係を作る電子メールの利用、そしてネット上に構築する掲示板やディスカッションルームなど、我々の要求を一つずつ両者で解決していった。また、パソコンが苦手な学生も来ることを予想し、大学内にヘルプデスクを設けることにした。

十一月に、通信制大学院システム導入仕様書が完成し、十二月にはＮＴＴをシステム開発業者に選定した。大学院システムには、ディスカッションルーム、掲示板、教員紹介のホームページの設計やテレビ会議の準備、そして教員と学生全てに貸与するパソコンの経費が含まれており、この時点で約六千万円の経費を見積もった。教員の性として、予算が許せば高価で完璧なシステムを考えがちである。しかし大学の予算には限度があるので、開設時まで作るシステムと、その後追加するシステムとに分けた。幸いなことに、日本で初めての通信制大学院なので、大学からは積極的な支援が得られた。この頃からのＮＴＴのメンバーは順次交代していったが、ＮＴＴと大学とのシステムに関する打ち合わせは二週間毎に開催し、この十年間中断したことはない。打ち合わせでは、システムの運用状況やシステムの更新だけではなく、学生がヘルプデスクに問い合わせた内容までも議題としている。

七　大学院の開講

日本大学は、平成十一年四月に日本大学大学院総合社会情報研究科博士前期課程（修士課程）を開講し、平成十五年四月に博士後期課程（博士課程）を設置した。本大学院は両課程を備えた本邦初の通信制大学院である。本大学院の特徴は、学部を持たない独立研究科であり、日本大学本部に所属し、校舎は埼玉県所沢の日本大学総合学術情報センター内にある。本大学院設立の目的は、高い専門的識見を持ち、総合的な認識能力と判断力・倫理観を備えた、強いリーダーシップを持つ人材の育成にある。修士課程には三専攻を置くことにより、人間・社会・文化を融合した人物の育成を目指している。修士課程には国際情報専攻、文化情報専攻、人間科学専攻の三専攻があり、定員は専攻ごとに三十名、合計九十名である。博士課程は、総合社会情報専攻の一専攻で、定員は九名である。

開設時の教員数は、本大学院のみに勤務している専任教員が十一名、日本大学の学部教育を担当しているが、大学院は本大学院のみを担当する専任教員が十五名であった。専任教員の合計は二十六名、学外を含めた兼任教員は四十三名で総教員数は六十九名であった。

開講科目は七十七科目、必修科目が各専攻に一科目あり、各必修科目のスクーリングを夏期と冬期に三日間実施している。入学試験は年一回、願書提出時には指導教員の指名と、研究計画書を提出させている。入学試験は小論文と英語を実施し、指名された教員が研究計画書に基づいて面接審査を行う。入学時には指導教員が既に決まっており、院生と指導教員との人間関係を、入学時から構築できることになる。

教材は市販本を活用して科目毎に二冊を配付し、参考資料にも市販図書を利用している。単位の取得は、科目毎に前期・後期の課題に対してレポートを提出するが、レポートは科目担当教員自身が添削・評価し、インストラクターやTAは介在していない。また、レポートは提出期限前に草稿を教員へ送付して、いつでも添削を受けることができる。通常草稿を数回やり取りすることで、最終レポートを完成させている。

学習の形態には、自宅学習、電子メールでの添削、面接スクーリング、情報通信技術を使用したメディアスクーリングがある。入学直後には、パソコン使用とネットワークの接続に関する、研修会の受講を義務づけている。ネットワークが重要な学習手段であるために、院生の自宅から大学院へのネットワーク接続の確認と支援を、大学院が責任を持って対応し、さらにトラブルに対処するために、ヘルプデスクを週五日開設している。メディアスクーリングとしては、サイバーゼミと称する、音声と画像による同期双方向のメディアを利用している。さらに修論指導のためには、数日間の泊まり込みの合宿を研修所で行うことや、都心で数ヶ月に一回程度の面接スクーリングも実施している。

本大学院では、院生同士や院生と教員間の親密な人間関係を最重要視しているため、スクーリング時に懇親会を開催している。また、人間関係を広め深めるためにはお互いの情報が不可欠なので、ホームページ上にディスカッションルームを開設した。院生が自己表現する場としては、隔月に電子マガジンを発行しており、年三回の大学院電子紀要の刊行も順調に進んでいる。課外活動として現在六つのサークル活動が運営されており、最近では大学院祭も開催している。また、地域活動としては、毎年数回教員による無料公開講座を開催して、地域との連携に努めている。

日本大学総合学術情報センター

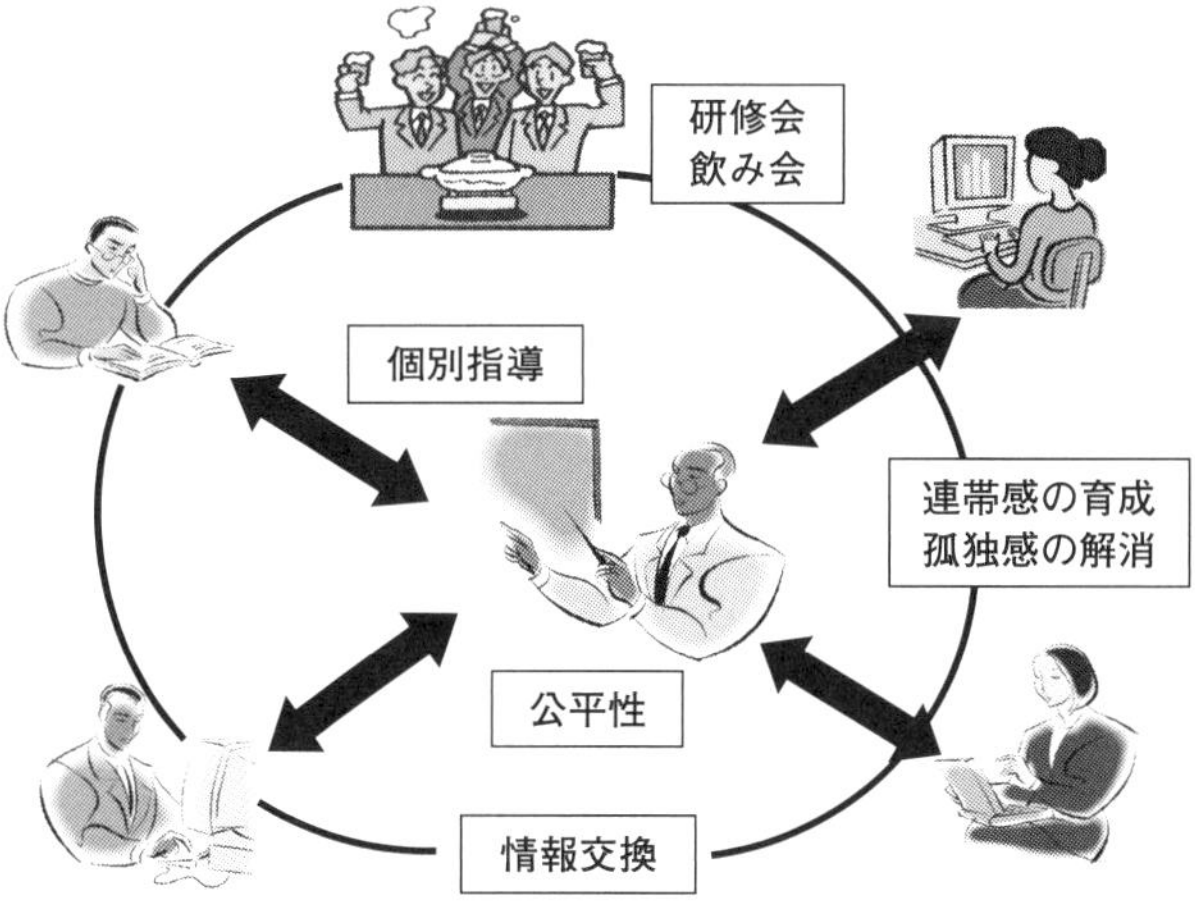

大学院のイメージ

第二章　十二年間の推移

本大学院では、平成十一年三月十三日に第一回の入学試験を実施し、三月十九日に合格者を発表した。そして三月三十一日には日本大学会館にて、学内外の関係者を招待し、大学院総合社会情報研究科開設記念式典が盛大に催された。以後本大学院では毎年修了生を輩出続け、平成二十三年三月には修士課程の十一期生と博士課程の六期生を送り出し、修士課程修了者は八百九十四名、博士課程修了者は三十七名、そして全修了生は九百三十一名になった。これまでの修士号取得率(入学者総数に対する修了者総数)は八十四・五％であり、課程による博士号取得率は三十八・二％である。大学院生は社会人であるために、業務多忙や病気のために中途退学する者も少数存在するが、殆どの大学院生は修了期限内に単位を取得し、論文審査に合格して学位を取得している。

本大学院では、社会状況や学生の変化にそのつど対応してきており、本章では、この十二年間における本大学院の推移を述べる。

一　情報通信技術の進歩

この十二年間で最も劇的に変化したのは、情報通信技術の進歩であろう。大学院が開講した平成十一年には、インターネットに接続すると言えば、電話回線によるアナログ接続が主流であった。また当時はプロバイダーも少なく、学生と教員は電話回線を利用し、大学院のシステムに直接アクセスしていたので、回線スピードの遅さに苦労した。また、埼玉県所沢市から遠く離れた地域から、大学院サーバーへのアクセスでは、回線使用料はかなり高額となった。このため自宅から接続する教員に対しては、コールバック・システムを採用し、教員の回線使用料を低く抑える工夫をした。そして現在では、教員が自宅からアクセスする際のインターネット使用料金を、大学で全額負担する形態に変更している。この間に情報通信のインフラは急速に進歩を続け、電話回線はＩＳＤＮによるディジタル化よって回線スピードが増し、さらにインターネットは、一般家庭にまでに急速に普及した。最近では光回線による常時接続が一般化してきている。

本大学院では開設時から、学生と教員の全てにパソコンを貸与しているが、情報通信技術の進歩と同時に、通信制大学院にとっては、一般家庭におけるパソコンの普及も大きな追い風となった。受験案内には当初から、教育手段として情報通信メディアを用いると明記していたが、志願者の中にはパソコンはもとより、ワープロのキーを触ったことが無い者もかなり見られた。しかし、最近ではパソコンの価格も低下しており、入学時に個人でパソコンを所有する学生が、大半を占めている。

二　情報リテラシーの向上

従来の郵送に依るレポートのやりとりから、インターネットと電子メールによる新しい情報通信メディアを使うにあたり、最大の問題は使用者である学生と教員の情報リテラシーであった。このため面接試問では、情報リテラシーの程度を志願者に質問し、入学後のパソコン研修会に備えた。パソコン研修会の開催は開講前から予定していたが、パソコンの初心者がどの程度居るのか、最初は全く予想が出来なかった。実際にパソコンを使えても、個人の電子メールアドレスを持ち、毎日メールを使う人ほとんど居なかった。このため、学生と教員にパソコンを貸与する際には、パソコンの研修会受講を義務づけた。さらに、学生が自宅から大学院のシステムに接続ができるまで、大学院として支援を行った。

平成十二年度のパソコン研修会の参加者をみると、初級者コースを受講した者が五十一名、上級者コースでは五十二名であり、初心者が占める割合は四十九・五％であった。これが平成十四年度になると、初級者は三十一・三％になり、以降初心者は年々減少を続け、平成十九年度になると二十％を切るようになった。このため平成二十二年度以降は、パソコン研修会を希望者のみに限定し、実施するよう変更した。この十二年間には時代とともにパソコンが普及してきており、年々、学生の情報リテラシーの向上も顕著になった。

最も悲惨だったのは、当初、教員ですら電子メールを使えない者が多く、本大学院のシステムの運用すら危ぶまれる事態だった。学生の情報リテラシー以上に苦労したのは、教員サイドの情報リテラシーである。学生は入学時からそのつもりで覚悟してくるが、教員は別である。これまで通信制の教育に携わり、郵送によるレポート添削に慣れていた教員も、パソコンとインターネットとなると、全くの素人が多かった。さらには、「私はパソコンを使わないので、レポートは事務で印刷して送ってくれないと読まない。」という教員すら居た。しかし、これら教員をなんとか説得し、自宅まで業者に出張してもらい、ネットワークの接続まで支援した結果、数年後には郵送による添削は皆無となった。

三　レポートシステムの構築

開講時には、教育手段であるレポートの提出と添削指導を、電子メールに添付する方式を採用していた。学生はレポートをパソコンで作成し、このレポートを科目担当教員と大学院のサーバーの両者に送る。教員は受け取ったレポートを添削し、コメントと添削したレポートを、学生と大学院のサーバーに送る。このやりとりでレポートが完成すれば、最終レポートを、教員と大学院事務の両方で保管することになる。

平成十一年九月（前期）の調査では、学生が教員にレポートを提出する手段として、電子メールが六十九・五%、郵送（ワープロで作成）が二十九・八%、郵送（手書き）が〇・七%であった。しかし平成十二年一月（後期）になると、学生の情報リテラシーは向上して郵送が減り、電子メールが八十六・五%に増え、郵送（ワープロで作成）が九・〇%、郵送（手書き）が四・五%になった。続いて翌年の前期におけるレポートの提出方法をみると、この時には新入生が加わったため二学年を対象としているが、電子メールが九一・二%、郵送（ワープロで作成）が六・九%、郵送（手書き）が一・九%であった。

一方、平成十一年前期における教員側の調査では、教員がレポートを受け取る手段として電子メールが五十二%、郵送が三十九%、不明は九%であった。このために、学生はレポートを電子メールで提出できても、教員側の対応が間に合わず、事務ではレポートを印刷し、郵送またはファックスで送っていた。

しかしながら、レポートを電子メールに添付し忘れたり、レポートが行方不明になるなどの問題が生じたために、大学院では新規にレポート提出システムを開発し、翌年から全てのレポートを、大学院のサーバーに集約して保管するように変更した。この結果、学生も教員もレポートをサーバーから取りよせることになったので、間違いが激減した。

四　アンケート調査

入学試験時に、本大学院の情報をどんなメディアで知ったかを、毎年調査している。募集広告としては大学のウェッブサイト以外にも、新聞広告や雑誌に記事を掲載している。以下に、平成十三年三月に行った調査におけるメディアの件数を、回答が多かった順に示す。

新聞では、朝日新聞が三十八件、日本経済新聞が二十七件、産経新聞が十三件で、その他は十件であった。雑誌では、エグゼクティブが最も多く十一件、仕事の教室が五件、その他は二十件であった。一方、ウェッブサイトのページでは、日本大学が十八件、検索サイトは十七件であった。また、人からの紹介では、友人・知人・家族が十七件、在学生からの紹介が三件であり、説明会に参加した者は二件であった。翌年になると新聞では、日本経済新聞、朝日新聞、産経新聞と順序は少し変わってきたが、大きな変化としては、本大学院のウェッブサイトから情報を得た者(六十七件)が急増したことである。また、検索サイト経由のアクセス(三十六件)も増えおり、情報の収集手段としてインターネットによるウェッブサイトが、一般的に普及してきたためと考えた。

学生が初めて修了した平成十三年三月には、第一期生を対象として、教育科目とその教育内容を評価するために、アンケート調査を実施した。また同時に、教員に対しても自己評価として、同じ項目で調査を行った。評価は五点満点とし、質問は九問あり、最後に総合的な科目評価を別個に尋ねた。次に、学生による科目評価の上位三項目の平均値と、総合評価の平均値を示す。「面接スクーリングの満足度」は四・六、「科目への関心度が高められた」が四・四、「教員の熱意と教育への関心度」が四・二で、「科目の総合的な評価」は四・二であった。一方、教員の自己評価では、「自分の熱意と教育への関心度」は四・一、「面接スクーリングの活用度」は四・〇、「配布した基本教材の適切度」は三・八、「担当した科目の総合的な評価」は四・一であった。

このように教育科目と、その教育内容の評価アンケートを毎年実施してきたが、傾向はほとんど変化せず、学生は教員と同級生に会える面接スクーリングを、いつも高く評価している。

通信制の大学院であるからこそ、お互いに直接会う機会は貴重であり、また楽しみにしているのだろう。一方、教員は学生に直接会う機会が少なくても、レポートの添削や個別にメールをやりとりする中で、社会人学生に対して学部学生とは異なる対応をしている。この良い人間関係が存在するので、教員はそれなりの自信もあり、自分を高く評価していると考えられる

五　大学院の運営

本大学院開講時の指導教員数は、国際情報専攻が十名、文化情報専攻が七名、そして人間科学専攻が八名であり、総数は二十五名であった。この指導教員のうち六名は本部所属の専任教員であり、学部学生の教育は担当していない。一方、他の指導教員は各学部に所属しており、大学院教育のみを本大学院で担当する者である。そして科目担当だけの教員も含めると、全教員数は六十九名の大所帯であった。この教員構成はその後あまり大きな変動は無く、平成二十三年度の指導教員数は、国際情報専攻が六名、文化情報専攻が十名、そして人間科学専攻が十三名で総数は二十九名である。また、科目担当だけの教員も合わせると、全教員数は増加し八十五名になった。

日本大学には十四学部と通信教育部があり、ほとんどのキャンパスは都内にあるが散在して

おり、さらに神奈川県藤沢、福島県郡山と静岡県三島にもキャンパスが存在する。従って、通信制大学院の学生と同じように、学部に所属している指導教員全員が、一堂に会するのは容易ではない。このために、大学院の分科委員会（教授会）を毎月一回市ヶ谷の本部で開催することとし、さらに本部所属の専任教員による会議を、毎月二回開催することにした。そしてこの専任教員会議で最初に議論を開始し、その結果を運営委員会にあげて、最終決定を分科委員会にて行っている。また、本大学院は情報通信メディアを教育手段としているために、NTT東日本との打ち合わせを隔週に開催し、この十二年間休まずに続けている。

また、学生と教員がどの程度の頻度で、大学院のサーバーにアクセスしているかを知るために、毎月全員に電子メールを送り、その返信を記録している。さらに、この返信が数ヶ月にわたって返ってこない場合には、ネットワークの接続不良も考えられるので、事務から電話や郵送で、問い合わせをしている。平成十一年十一月のアクセスチェックでは、教員からの返信が三十五・五％、学生からは五十三・二％であった。大学院の事務から電子メールが来れば、学生は素直に返信すると考えていたが、それでも約半数が返信をしてこなかった。社会人なので忙しく、頻繁にはメールを読んでいないのだろう。一方教員が返信してきた割合はさらに低く、約三分の一であった。しかし、翌年五月の教員アクセスチェックでは状況は改善し、教員六十二名のうち回答してきたのは、五十二％に増加した。また、同時期の学生のアクセスチェックでは、一年生は六十四％が返信しており、二年生では七十六％とさらに高くなり、二年目になるとシステムに慣れてきたと判断した。

六　志願者数の変化

開講前には、はたして学生が集まるかどうかを心配していたが、蓋を開けてみると志願者の多さに驚かされた。平成十一年の最初の入試では、本大学院の定員が九十名（三専攻、各専攻は定員が三十名）であるのに対して、志願者数は二百七十四名に達した。最も多かった人間科学専攻には百七十名が受験し、合格者数は五十七名となり、受験倍率は二・九倍にも達した。その次に多かったのは国際情報専攻であり八十四名、そして文化情報専攻には二十名が受験している。これらの数字は、通信制大学院への期待が、当時いかに大きかったかを物語っている。しかしながら、翌年の平成十二年には志願者数は百六十六名に減少し、放送大学が大学院（全科生の定員は五百名）を開講した平成十三年には、二百三名と一時持ち直したが、平成十四年には百三十三名となり、その後志願者数は毎年徐々に減少を続けている。

志願者が減少してきた理由としていくつか考えられるが、最大の原因は平成十一年に四校であった通信制大学院は、平成二十二年には放送大学を含めて、二十六校に増加したからであろう。また、通信制大学院が最初に認可された頃に較べると、通信制大学院は社会的にある程度認知されてきており、通信制大学院も競合する時代になってきた。

次の原因としては、最近の経済情勢が考えられる。リーマンショック以降の経済危機が未だに続いており、日常の生活費に較べれば、教育にかける学費はどうしても優先度が低くなる。通信制大学院を目指すのは社会人であり、自分で払う学費についてはかなり敏感である。大学院の授業料に関しては、日本大学には十四の学部があり、大学院の授業料は学部間でほぼ横並びになっている。このため本大学院を設置する際には、この慣例に従わざるを得なかったので、放送大学や他の通信制大学院の授業料に較べると、本大学院の授業料は少し割高かもしれない。しかし、本大学院では入学した全ての学生にパソコンを無料で貸与しており、パソコンを授業料の一部と考えれば、それほど高いとは言えないだろう。ただ、開設時にはパソコンの価格は二十万円以上であったが、最近パソコンの価格は急落している。さらに入学時には、自分のパソコンを既に持つ人が多くなったので、このパソコン貸与は魅力的でなくなってきたとも言える。

また、教員の力量不足も、志願者数減少の一つとして考えなければならない。大学院への進学を目指す志願者は、自分が研究したいテーマを指導してくれそうな教員を、探すことから始める。そしてその教員の教育実績や研究実績を調べて、大学院を選択することになる。最近では、各教員の経歴はウェッブサイトや大学院案内に掲載されてり、教員の指導方針などもネット上で容易に調べられる。このために、教員は指導できる領域を自ら広げ、魅力的な指導を心がけないと、学生が集まらないことになる。

第三章　ゼミの紹介

平成十一年の大学院開設から平成二十三年三月までの十二年間に、筆者のゼミから七十七名の修士と博士一名が育ち、現在九名が在学している。本章ではゼミの歴史を振り返りながら、この十二年間の経験を踏まえて確立した、ゼミの教育方法と運営方法を述べ、そしてゼミの概要を紹介する。

一　ゼミの基本方針

（1）通信教育の特徴を生かすため、学生を時間的に拘束せずに、できるだけマイペースで学習できるようにする。

(２)直接会う機会を最小限にとどめ、在宅学習の支援と個別指導をおこなう。
(３)学生と教員間の信頼関係を構築するために、情報通信技術をフルに活用する。

二　ゼミの運営

最も大切なことは、教員も学生も相手を尊重し、お互いに好きになることだろう。次に、通信制大学院に進学してくる社会人は、学ぶ意欲がとても強いので、教員は学生を、仕事を持つその道のプロとして付き合う必要がある。彼らにはその分野の専門知識はあるが、研究者としての経験は浅く、研究を論文としてまとめる力が、少し不足しているだけである。もちろん、彼らは人間として教員と対等な位置関係にあり、上下関係は全く存在しない。教員は相手の能力と可能性を信じ、創造性を育てながら、個性を伸ばすことに務める。さらに教員の態度として謙虚さが必要であり、決して教員の論理を押しつけない。学問には絶対ということはなく、教員は学生の目標となるように努力をするが、教員は完璧ではなく、ある領域の専門家に過ぎない。

通信教育における、教員と学生との人間関係は非常に重要であり、相手と適切な距離を置くこと、そして心地よい距離感を保つことが、社会人に対する接し方である。しかし、教員は指導する立場にあるので、相手がもし手を抜くようなことがあれば、厳しく指摘すべきである。それよりも、学生を育てる最も効果的な方法は、努力した成果を公平に評価し、褒めて激励することである。大人であっても、褒めてもらえること以上の喜びはない。

学生から信頼を勝ち取るためには、教員として尊敬されるものを、何か持つ必要がある。もちろん専門分野における業績も必要であるが、レポートなどの添削においても、「先生が直した文章はとても読みやすくなった。」と言われるように、教員は日頃の努力を惜しまないようにする。ひとたび相手の信頼を得られれば、学生と教員は共通の目標に向かうようになり、彼らの自主性を尊重して指導すれば、社会人は支援をするだけで育っていく。

また社会人は大人であり個人差があるので、相手によって個別に対応することも重要である。さらにクラスの結束ができていれば、仲間同士で良きライバルを作りながら、お互いに競争をしていく。大学院は教えを請う場所ではなく、自ら学び研究するのが本質だと筆者は考えている。

三　情報通信技術の活用

情報通信技術の活用によって、従来の通信教育の不利な点をどこまで克服できるかが、新しい通信教育への挑戦であった。しかしながら、情報通信メディアの進歩は著しくかつ多様化しているので、メディアの選択と運用方法が通信教育の成否を決める。本ゼミでは情報通信技術をコミュニケーションの手段として利用し、主として電子メールとメーリングリストを用いている。電子メールは個人間の利用とし、メーリングリストは、在学生と修了生全員を含む全体の交流の場として利用している。電子メールの利点は同時性を求めず、多様なレベルの学生に対応できるので、きめ細かい個別指導を可能としている。

四　電子メールとメーリングリスト

電子メールは、教員と学生間の個人的な関係強化にとても役に立つ。教員が目指す教育方針の理解と、相互の信頼関係を構築でき、さらに身の上相談まで対応しているので、孤独感の解消に非常に役立っている。言い過ぎかも知れないが、通学制に較べても遜色ないほど、学生と教員間の親密度は高くなっている。筆者は国外にいても、数日以内に、メールの返事を必ず書くようにしている。また、文章の書き方も高圧的で指導する内容ではなく、教員と学生が共に学ぶ姿勢を常に貫いている。この結果、彼らは修了してからも、メル友の感覚でメールを書いてくる。

ゼミ内では、個人同士のメール、クラス仲間のメール、そしてゼミのメーリングリストを使い分けている。ではこの十年間に、学生からどのくらいメールが来たかを調べてみると、年度によって上下するが、年間三百～六百通のメールをやりとりしている。月平均にすると約四十通になり、毎日一通以上のメールを読み、返事を書いていることになる。もちろんメールは定期的に来るわけではないので、多いときには一日で四～五通を受け取っている。

ゼミ生と修了生間の結束を強めるために、メーリングリストを活用している。メーリングリストには、全修了生と現役のゼミ生を含み、全員が交流する場として常に発展している。使用するメールアドレスは、大学院が付与したアドレスではなく、常時使う個人アドレスの登録を勧めていて、少数の希望者のみが大学院のアドレスを使用している。その理由は、常にメーリングリストのメールを読むことによって、ゼミ生同士の輪を広げることができ、仲間意識を育て、かつ絆の形成に役立つからだ。メーリングリストに掲載されたメール数を調べてみると、メーリングリストを始めた平成十年には年間約七百通、そして翌年の十一年には約千百二十通と最高を記録している。この頃はゼミの創成期であったために、議論するべき話題が多かったのだろう。その後は徐々に減少傾向にあり、最近五年間では、年平均三百通となっている。このメーリングリストにおけるメール数の減少傾向とは逆に、クラス内で学生同士間のメールが増えており、身近な話題は教員を除外して、仲間内で話をしているのだろう。一方、ゼミ全体の話題にはメーリングリストを使うので、メールとメーリングリストの使い分けが進んでいる。

メーリングリストには、自己紹介、学習に関する質問、各種の相談、結婚や出産などの慶事、博士課程への進学状況や学位取得の報告、転職や教授就任のお祝い、歓迎会や修了祝賀会などのイベントの連絡、そしてゼミ合宿の案内などが掲載される。今振り返ってみると、大学院全体の掲示板をあえて使わずに、小さな集団であるゼミのメーリングリストを始めたことが、結果的に良かったと考えている。最初は一期生の九名だけのメーリングリストであったのが、修了生が徐々に加わり、現在メーリングリストに登録されているアドレス数は約九十の大所帯となり、大家族を形成している。

六　顔を会わす機会

筆者のゼミでは、直接会う回数を可能な限り少なくしている。学生の住まいは関東近辺だけではなく全国に広がっているので、直接会う機会を大学院の行事に合わせて設定し、交通費の削減と時間的な制約を軽減している。またこのことは、クラス内での公平性を重要視するためであり、特定の学生を優遇しないことにもつながる。その結果、中途脱落を防止でき、連帯感

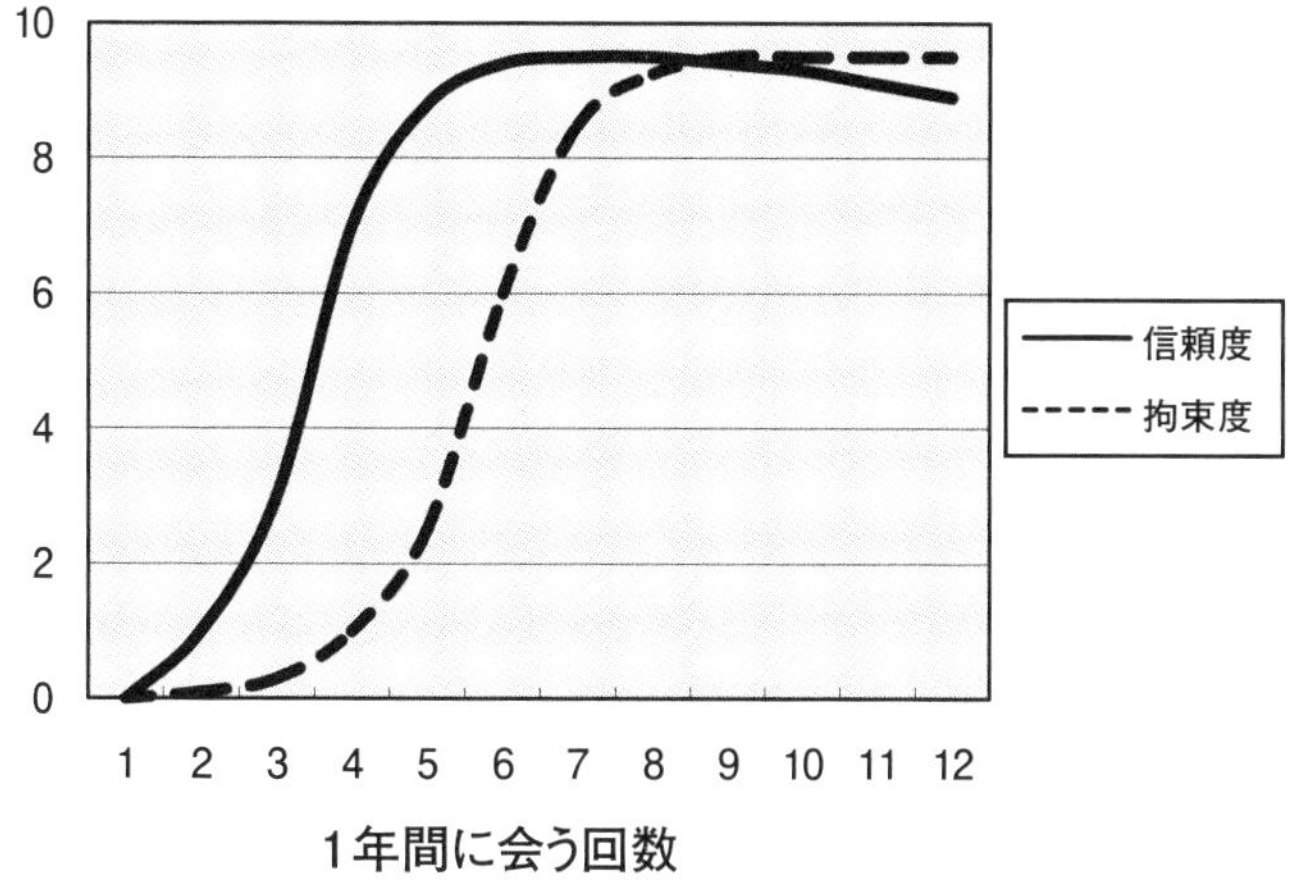

図1　信頼度と拘束度

も強化できたと考えている。

図1は一年間に直接顔を会わす回数を横軸にとり、学生と教員間の信頼度と、学生が感じる拘束度を縦軸にプロットしたものである。これはあくまでも筆者の経験による主観的なグラフであるが、一年間に直接顔を会わすことが全くなければ、信頼度も拘束度もゼロとなる。一年間に三回以上顔を会わせば、信頼感は急速に高まるだろうが、五回以上になると飽和する可能性が高い。拘束度に関しては、会う回数が増えるに連れて、信頼度よりも遅れて高くなる。すなわち、直接会う適切な回数は、一年間に三回から六回が良いと考えている。一方、直接会う回数はただ多ければ良いというわけではなく、八回以上になると信頼度が低下してくる恐れがあり、社会人に合わせたスケジュールを設定す

べきである。もちろん顔を会わす以外の期間は、メールにて補完することは言うまでもない。

教員と学生が顔を直接会わす機会を具体的に示すと、修士課程二年間のスケジュールの中で、直接会う機会は合計すると八～九回のみである。

(1)入学試験前に、希望する志願者とは、紹介者の有無にかかわらず会う。
(2)開講式のオリエンテーションと、その後に開催する、先輩も参加する新入生のゼミの歓迎会。
(3)必修科目のスクーリングの後に集まる、ゼミの夕食会。
(4)一年次の軽井沢研修会(二泊三日)。
(5)二年次の軽井沢研修会(二泊三日)。
(6)二年次における、九月と十一月の修士論文の指導。
(7)学位授与式とゼミの修了祝賀会。

七　クラスの命名と組長

入学年度毎にクラスの名前を付けており、開講式後のオリエンテーション時に学生が相談して決め、それぞれの年度を区別できるようにしている。最初の一期生は「アポロ」、二期生が「すばる」、三期生が「銀河」、四期生が「ＯＲＩＯＮ」、五期生が「アトラス」、六期生が「まんてん」、七期生が「北斗」、八期生が「シリウス」、九期生が「ジュピター」、十期生が「ヴィーナス」、十一期生が「きぼう」、十二期生が「地球」となっている。筆者の専門分野が宇宙医学なので、これまで宇宙に関係する名前が続いていたが、筆者にとって最後となる十二期生のクラス名は、「地球」となった。長らく宇宙を旅していたが、最後には地球に戻ってきたようだ。

また、年度ごとのクラスには組長を設けており、その役割は教員と学生間のパイプ役とし、さらに組長はクラス内のまとめ役として多大な貢献をしている。このほかの役目として、軽井沢研修会の設定と調整、スクーリング時の夕食会の設定、新入生歓迎会と修了祝賀会の開催、そして面接による修士論文指導の日程調整などをお願いしている。

八　先輩の貢献

ゼミにおける先輩の役割は非常に大きく、彼らは教員の教育方針や指導方法を、後輩に詳しく伝達してくれている。さらに履修科目の選び方、勉強の仕方、教員の癖までも教えてくれる。また修了生は、研究や修士論文に関しても専門的な助言をしてくれるので、筆者は上級生と修了生にいつも感謝している。彼らが後輩に助言してくれる機会は多く、前述の新入生のゼミの歓迎会、スクーリング時のゼミの夕食会、軽井沢の研修会、そしてゼミの修了祝賀会などがある。苦労した二年間が終わってしまえば、修了生は辛さを忘れてしまい、今度は後輩の面倒を見たがるものである。「私だって何とかなったのだから、あなたならできますよ。最後には、先生が必ず救ってくれるから。」といった感じだろう。

九　合宿による研修会

毎年六月末に、日本大学軽井沢研修所にて、二泊三日の合宿によるゼミの研修会を開催している。参加者は一年生と二年生、さらに修了生も仕事の合間を縫って遊びに来る。ときには修了生の数が在学生と同じように多くなる時があり、ゼミ全体の交流の場になっている。研修会の第一の目的は、もちろん研究の相談と、これをまとめる修士論文の指導である。もう一つの大きな目的は親睦であり、クラス仲間の結束を強め、通信制の弱点である孤独感の解消、そして連帯感の育成と教員と学生間の信頼関係を強めることに役立っている。

また、二〇〇四年と二〇〇六年には、NASAのケネディー・スペースセンターとジョンソン・スペースセンターへの研修旅行を実施した。

軽井沢の研修会

NASA 研修旅行

十　交友範囲

大学院を開設した当初は、ネット上に研究科全体のディスカッションルームを設けて、同じ専攻内の学生間と、さらに専攻を越えた学生同士の、新しい人間関係の構築を目指した。しかし実際には、彼らは大勢の仲間との交流を、それほど望んでいないことが判明した。最初はゼミ仲間の付き合いだけでも十分であり、必要に応じてヒューマン・ネットワークを拡大させていけば良いのだろう。筆者のゼミには医療従事者が多いとはいえ、職種はバラエティーに富んでおり、関係が薄い百人の友人より、仲の良い十人の方が安心して付き合えるのかもしれない。社会人として仕事と家庭を持つ多忙な人にとって、これ以上人間のネットワークを拡げる需要は、今のところないようだ。

十一　レポートの添削と論文の指導

筆者が担当する科目のレポートでは、正解が一つしかない課題とせずに、学生が自ら考え創造するような課題を設定している。単に教材の内容をまとめてレポートを作成するのではなく、テーマを学生自身が設定せざるを得ないので、テーマ選びにかなり苦労しているようだ。

教材以外の資料を探して整理することは、研究者として必要な能力であり、自分の考えを客観的に評価するためにも役立つ。大学院に進学する社会人であれば、自分で教材を読めば定説や理論、公式等を理解する能力を備えており、教員はどうまとめるかを指導すればよいと考えている。

修士論文のテーマ選定は学生の意向を全て尊重し、必要があれば助言をするようにしている。論文は自分で書くものなので、全て書き上がるまで辛抱強く待つ。しかしながら期日に遅れそうな場合には、表や図の作成を手伝うこともある。さらに最終段階には、文章を全てチェックし、「てにをは」を含めて誤字脱字を直す。大切なことは自分で書けたという自信を持たせることであり、また最後には必ず救ってもらえるという安心感を、学生に常に持たせることが肝心である。

十二　自己評価

この十二年間に試行錯誤を繰り返しながら、通信制大学院の新しい教育方法を模索してきた。もちろんこのゼミの運営方法がベストであるとは考えないが、教育効果を自己評価するために、二つの項目を考えてみた。一つは修了生からの志願者紹介率であり、二つ目はゼミ修了後の博士課程への進学率である。吉田氏[1]はeラーニングの効果を議論する上で、教育を提供する大学側と、教育を受けた学生の次元に分けて教育効果を論じている。教育の供給側にとっては、教育の効率と質が課題であり、学生側からみた教育効果とは、学生の教育に対する満足度や教育達成だと述べているので、これらの項目はあながち間違いではないだろう。

注

1 吉田文著、『アメリカ高等教育におけるeラーニング、日本への教訓』、東京電機大学出版局、二〇〇三年

(1) 修了生からの紹介率

最近のゼミの入学希望者は、ほとんどが修了生からの紹介である。最近の五年間では、入学した三十三名のうち紹介された者は二十七名(八十一・八%)、そのうち修了生からの紹介が二十六名(七十八・八%)であり、平成二十二年度には、八名全員が修了生からの紹介である。在籍した二年間の学生生活がいくら辛くても、ゼミの価値を高く評価するからこそ、友人仲間を紹介してくれるのだろう。もし自分の大学院生活を高く評価しても、友人や仲間の紹介には責任を伴うので、普通は躊躇するものである。何がそんなに気に入られたかを勝手に想像すると、このゼミは通信教育のイメージとは全く異なり、想像以上に得たものが多かったのだろ

う。単に学位の取得だけではなく、素晴らしい人間関係が得られたためと考えている。それも在学中の仲間だけではなく、ゼミが修了生を含めた大家族に成長したからだろう。

(2)　博士課程の進学率

ゼミを修了した修了生の実力は、博士課程の進学率で表すことができるだろう。現在博士課程の進学率は四十三%に達しており、進学先は国立大学や公立の大学が多く、既に十九名が博士の学位を取得している。

進学先

国際医療福祉大学大学院　医療福祉学研究科(四名)
東京農工大学大学院　生物システム応用科学研究科(三名)
電気通信大学大学院　システム工学科および電気通信学研究科(三名)
筑波大学大学院　人間総合科学研究科(二名)
名古屋市立大学大学院　システム自然科学研究科(二名)
京都大学大学院　医学研究科および工学研究科(各一名)
千葉大学大学院　人文社会科学研究科および医学研究院(各一名)
日本大学大学院　総合社会情報研究科および医学研究科(各一名)

福井大学大学院　工学研究科(一名)
京都工芸繊維大学大学院　工芸科学研究科(一名)
福岡大学大学院　人文科学研究科(一名)
東北大学大学院　医学系研究科(一名)
東邦大学大学院　医学研究科(一名)
新潟大学大学院　現代社会文化研究科(一名)
東京医科歯科大学大学院　医歯学総合研究科(一名)
早稲田大学大学院　スポーツ科学研究科(一名)
新潟医療福祉大学大学院　医療福祉学研究科(一名)
広島大学大学院　総合科学研究科(一名)
金沢大学大学院　医学系研究科(一名)
首都大学東京大学院　人間健康科学研究科(一名)
東京大学大学院　新領域創成科学研究科(一名)

このように高い進学率を得ているが、筆者はこれまで修了生に、進学を積極的に勧めたことはなく、また目指す大学院の教員に直接連絡したことはほとんど無い。彼らは将来を見据えて、自ら進路を選択している。

博士課程の入学には、試験を受けなければならないが、一般的に入学の可否は指導教員による面接試問が決め手となる。この際、修士課程における研究成果を口頭で説明するが、同時に修士論文の完成度も審査される。万が一、口頭試問で実力を十分に発揮できなくても、研究者としての基礎能力を修士論文で証明できる。また博士課程に進学するためには、実力を備えると同時に、意欲と自信が不可欠である。ゼミの修了生には修士論文を書き上げた達成感があり、先輩達の進学状況にも刺激されて、自信を持ち博士課程を受験している。

十三　ゼミ生の概要

平成十一年四月からの十二年間に、仕事や家庭の事情により退学した四名を除くと、修了生と在学生の合計は八十六名になる。在学生がこのまま二年間で修了すれば修了率は九十六％となり、かなり高いと言える。しかし七十七名の修了生の中には、修了まで三年間を要した者三名や、在学期限である四年をかけて修了した者が一名含まれており、途中で挫折せずに勉学の意志を貫いた社会人に、筆者はいつも敬服している。

(1) 年齢と地域

八十六名の入学時におけるデータを分析すると、男性は五十五名(六十四%)、女性が三十一名(三十六%)であり、最高年齢は七十一歳、最低年齢が二十五歳、平均年齢は三十八・九歳であった。

住所から自宅の地域分布をみると、首都圏が最も多く五十二名(五十九・八%)、内訳は東京都が十九名、埼玉県が十七名、神奈川県が十三名、千葉県が三名であった。続いて茨城県が四名、北海道・愛知県・大阪府・岡山県が各三名、福島県と富山県が各二名、宮城県・山形県・栃木県・群馬県・新潟県・福井県・静岡県・三重県・滋賀県・兵庫県・広島県・熊本県・大分県が各一名、そして米国在住者が一名であった。通信制の大学院であるから遠くにいてもよいはずだが、スクーリングなどの通学を考えると、やはり距離的に近い大学院を選択しているのだろう。またゼミには紹介されて入学する学生が多いので、最近は首都圏に偏る傾向にある。

(2) 受験資格

大学院の受験資格別では、大学卒は七六・八%(そのうち放送大学は二二・二%)、本大学院の資格認定が十七・四%、そして学位授与機構が五・八%であった。最近の傾向としては、本大学院の認定により受験資格を得る者が多くなってきている。

（3）職種（資格）

ゼミ生の入学時における職種をみると、医療従事者が四十五名と大多数を占めており、全体の五十二・三％を占めていた。続いて機械・建築・情報などの技術者と、教員が多かった。教職に就いている者も多く、専門学校の教員が十二・八％と最も多く、大学教員が八・一％、短大と高校の教員が三・五％であった。そして入学時には専門学校の教員や医療従事者であった十四名は、大学と短期大学の教員へと転職を果たしており、現在大学の教授が四名、准教授が三名、短大の教授が一名、そして大学の専任講師・助教・助手が六名になっている。

またゼミの特色として、国家資格を有する者が多く、理学療法士は十八名（二十・九％）と最も多く、次に看護師（保健師一名と助産師一名を含む）が十四名、診療放射線技師が八名、作業療法士と臨床検査技師が各五名、義肢装具士と柔道整復師が各三名である。さらに、薬剤師・管理栄養士・一級建築士・技術士・第一種衛生管理者が各二名おり、言語聴覚士・臨床工学士・鍼灸師・一級土木施工管理者・中小企業診断士・財務省通関士などを含めて、国家資格を有する者は全体の八十八・五％を占めている。

（4）研究テーマ［（　）内はクラス名］

ゼミを修了した一期生から九期生までの、修士論文の研究テーマを紹介する。

一期生（アポロ）

1. 脳卒中片麻痺患者に対する治療・訓練用下肢装具の研究
2. 厚底靴がからだに及ぼす影響
3. 褥創予防を目的とした、脊髄損傷者の姿勢変化が座圧分布に及ぼす影響について
4. 医用機器の故障要因に関する人間工学的解析　―臨床検査用自動分析装置を対象とした操作性改善の試みとヒューマン・マシンエラー回避について―
5. 加齢による平衡機能障害への認知と行動変容
6. 開かれた学校づくりの研究　―レギュラシオン理論による学校組織の解析と学校評価―
7. 実験的ラット廃用性筋萎縮モデルにおける末梢神経および筋紡錘の機能的、形態的変化の検討
8. 車椅子用電動サポート機器開発に関する研究
9. 食卓配膳サービスロボットの実装における考察

二期生（すばる）

1. 安全な医療を目的とした放射線診療のヒューマンファクターに関する研究
2. 製造現場の作業効率の向上

3. 生活習慣病の一次予防における健康課題アセスメントに関する研究
4. 高齢者の転倒とその実態
5. ＡＴ１（１型ＡｎｇⅡ受容体）およびＡＴ２（２型ＡｎｇⅡ受容体）のカテコールアミン合成に及ぼす効果
6. 心臓カテーテル検査入院の患者による経時的環境評価と生活支援
7. 超高齢社会におけるユニバーサルデザインの考察　すべての人にとって使い勝手の良い日用品とは
8. 高齢者福祉施設における認識しやすいサイン作成
9. 徒手筋力検査における主観的判断に関する研究
10. 製造現場におけるヒューマンエラー予防対策の研究

三期生（銀河）

1. 閉鎖・隔離を中心とした特殊環境における栄養について
2. 看護基礎教育におけるリスクマネジメント論導入に関する研究　―看護基礎技術の行動形成プログラムの検討―
3. 介護負担感と負担感を説明する要因　―在宅要介護高齢者の介護者分析―

4．アミノ酸混合液摂取による心拍変動スペクトルへの影響
5．高齢者の避難を配慮した新しい集合住宅
6．脳卒中患者の重心動揺周波数分析
7．失語症を理解するための体験学習の意義とその方法

四期生（ORION）
1．バイタルサインセンシングデバイスによるコミュニケーションシステムの開発研究
2．小規模病院における医療事故防止への取り組みに関する研究と提言
3．医療現場における放射能等の印象とその改善に関する考察
4．小児血液腫瘍のマーカー診断鑑別表の作成
5．セル生産方式のための作業台設計
6．異文化への適応と心身の健康

五期生（アトラス）
1．わが国における市民参加型の宇宙開発
2．病院の放射線部門におけるヒューマンエラー　―診療放射線技師の立場から―

3. 義足における満足度評価尺度の開発
4. 入院患者における「離床」の阻害因子
5. 松葉杖下肢部分荷重に先行する上肢荷重練習
6. 重症熱傷急性期の理学療法　―専用カルテと予測的アプローチの有用性―
7. 柔道における三船久蔵と現代選手の動作比較
8. 航空機内医療への臨床検査導入

六期生(まんてん)

1. 教育現場での利用に配慮したロボット教材の開発
2. 設計に起因する不良分析とヒューマンエラー　―半導体回路設計―
3. 運動習慣獲得後における運動継続者と中断者の比較　―運動習慣を中断しないための考察―
4. 核医学診断における狭心症の心筋血流動態　―心筋血流イメージと心筋脂肪酸代謝イメージ―
5. 白血病関連遺伝子の同定と機能解析　―新規 MLL-MAML2 融合遺伝子―
6. 変形性膝関節症に対する実用的サポーター

7. 運動の停止および変換に関わる大脳皮質領域 ―Event-related functional MRI を用いて―
8. 電子カルテシステムとリスクマネジメント ―導入後のインシデント報告から教育プログラムの作成―

七期生（北斗）

1. 階段下降時におけるハイヒール歩行の安定性 ―足関節の固定がハイヒール歩行に及ぼす影響―
2. 宇宙時代の天文教育 ―天文普及の現状からの提言―
3. 肩関節可動域訓練の新アプローチ法 ―疼痛により訓練が難渋する症例の対策―
4. 月面居住におけるリサイクル式食糧生産システム
5. 交通事故実態分析とその対応策に関する研究 ―滋賀県の幹線道路を対象として―
6. 生活習慣病における効果的栄養指導方法
7. 脊髄損傷者における車いす上除圧姿勢

八期生（シリウス）

1. 鍼通電刺激による内因性オピオイド mRNA の発現 ―ラット脊髄及び脊髄後根神経節

における検索―
2．診療放射線技師養成校における医療安全教育の導入
3．放射線機器のインターフェースに対する人間工学的なアプローチ
4．患者参加型安全管理システムの効果　―大学病院における患者・職員の意識調査とインシデント事例分析より―

九期生（ジュピター）
1．ニューラルネットワークを用いた小児体重の推定
2．薬局における地域医療と高齢者福祉への取り組み
3．身体平衡機能反作用による体幹と四肢への影響　―分節化の強調による―
4．回旋運動補助用具の開発　―柔軟性とバランス能力の向上―
5．新卒看護職者の離職防止対策　―看護基礎教育の立場から―
6．離床に対する患者の意欲

十期生（ヴィーナス）
1．通所リハビリテーションのシステムと運動プログラム　―フィードバック・サイクルの

構築―

2. 頸椎圧迫刺激に対する上肢皮膚温の変化
3. 競泳選手の腰痛に対する後期運動療法
4. 箸操作における利き手と非利き手の比較
5. 科学技術外交の実現に向けて

十一期生(きぼう)

1. 保存血液における赤血球寿命の延長 ―エネルギー維持と膜脂質の分布―
2. 膝関節の新しいX線撮影方法 ―変形性膝関節症の撮影スキル―
3. 認知症患者の訪問リハビリテーション ―認知症短期集中リハビリテーションの効果―
4. ブリッジ動作のリスク管理 ―運動強度と呼気ガス分析―
5. 周辺視野と姿勢緊張の関係 ―健常者と片麻痺者のリーチ動作を通して―
6. 心臓カテーテル検査における理解と不安 ―患者と看護師間の相違―
7. 物流とロジスティクス

第四章　大学院受験の手引き

本邦の通信制の大学院は、平成十一年に初めて認可されてから十年以上経ているが、社会にはまだあまり知られていない。この章では、これから通信制の大学院を目指す社会人のために、筆者のゼミ生の体験談を交えながら、通信制大学院の状況を解説する。

一　大学院を探す

(1)　進学の目的を明確にする

通信教育は通学制の教育とかなり異なるので、ある程度覚悟してかかる必要がある。通信教育は仕事をしている社会人にとって、時間と場所を超えた最適な学習形態である。しかしながら在宅学習が主な勉強方法となるために、毎日通学して教員の講義を受けることはなく、教室の仲間と簡単に相談をするわけにもいかない。つまり自分から積極的に動かないと何も進まず、挫折する危険性が高い。

米国の通信教育のウェッブサイトには、通信教育が自分に向いているかを判断するために、自己採点ができる八つの質問が用意されている。

一、自分の学習に関して責任を持てるか
二、自発的に仕事をするタイプか
三、知識欲は旺盛か
四、他人の意見を受け入れることが可能か
五、家族のサポートはあるか
六、新しいものへの挑戦を楽しめるか
七、時間の自己管理ができるか
八、学習の目標を達成するために犠牲を払えるか

さらに、知識とは学習者自身によって作られるものであり、教師は単なる情報の配信者とい

うよりも、学習の支援者であることを知っているかと尋ねている。もちろんこれらの質問は、学部レベルでの、遠隔教育を目指す者への心構えであり、大学院で学ぼうとする、強い意志を持った社会人に、全てが当てはまるわけではない。しかし毎日仕事をしながら、なおかつ通信制の大学院を目指す者にとっても、一度は考えてみるべき質問である。

体験談

「私は仕事する上で、もう少し専門的な知識を得たいといつも思っていました。しかし、大学を卒業してからは毎日仕事をしなければならず、通学制の大学院に通うことは、不可能な状況でした。手始めに、自宅で入門書などを読んで勉強してみましたが、一人で勉強するのは長続きしません。また、試験などの期限がないと、人間はすぐ怠けてしまいます。そこで自分で高い授業料を払えば、頑張って勉強するのではないかと思い、自分に期待して、通信制大学院に挑戦してみました。」

「私も勉強する意欲は常にあるのですが、何から始めればよいのか、取っかかりが必要でした。本屋で専門書を探し、独学で勉強してみようと思いましたが、どの本から読み始めて良いのかわからず、また、その分野の学問体系がわからないので、理解は進みませんでした。専門用語もある程度は理解できますが、何が重要なのかを自分で本から読み取るのは、容易ではありません。たとえ自分で理解できたとしても、その知識が正しいのか、また実践に使えるかなどは、誰か専門家に「よしこれで良い」と言われないと、自信が湧いてきません。自信がないと、単なる物知りに終わってしまいます。」

「私は診療放射線技師をしています。診療放射線技師の養成校には、各種学校、専門学校、短期大学、大学と色々あります。私は各種学校を卒業しましたので、実質的な学歴は高校卒になるので、学歴を得るために放送大学を卒業しました。結果として、働きながら時間をやり繰りして勉強するという、習慣が身につきました。大学を卒業して二年経過した頃に、「もっと勉強したい」という欲求から、大学院探しを始めました。」

「私が約四十五年前に大学を卒業した時には、就職難時代でもあったので、地方の中堅の食品製造会社に就職しました。しかし、その後倒産により他社二社を経て、三十代後半よりエンジニアリングの会社に、定年六十歳まで奉職しました。定年後の外国勤務(ＪＩＣＡ)等約十年を経た後、郷里で修士教育を受けたいと、雑誌情報により通信制の日大大学院を知りました。この機会に少しでも、人と医学に近づきたいと考えたのが、この大学院を選んだ大きな期待でした。」

(2) 情報を集める

最近では、通信制大学院の紹介がウェッブサイト上に掲載されているので、インターネットで検索すれば、必要な情報を簡単に得ることができる。キーワードとして、「通信制」、「大学院」を用いてグーグルなどの検索エンジンを使えば、ほぼ全ての大学院のホームページにたどり着く。さらに通信制大学院の情報が集約され、自分に合った大学院を探すサイトもあるので、これらを利用すると便利である。もちろん、私立大学通信教育協会のホームページも十分に参考になるが、この協会には放送大学などが加盟してないので、各大学のサイトを探してみる必要がある。書籍による情報検索も役に立つが、出版されるまで時間的な遅れがあるので、ウェッブサイトによる検索がベストだろう。

目指す大学院をある程度絞り込めたなら、これらの大学院から入学案内を取り寄せる。ネット上で申し込みできる場合も多いが、このときには自分の住所や連絡先を知らせる必要がある。また進学説明会は、指導教官が参加している場合もあるので、直に話を聞ける良い機会であり、積極的な参加をお勧めする。

最も確実でかつ信頼できる情報は、通信制大学院の経験者から得られる。仕事の仲間、学会などの交友関係を探してみれば、意外と身近に経験者がいる可能性は高い。彼らが薦める大学院であれば、安心して受験することができる。学生を受け入れる立場の教員にしてみれば、修了生から紹介されると断るのは難しい。また知り合いを紹介することは、紹介者もある程度責任を負うので、教員は安心して学生を受け入れることができる。

体験談

「私が通信制大学院を最初に知ったのは、新聞広告でした。平成十年の十二月に、日本で初めてとなる通信制大学院の学生募集記事を読んで、よしこれだと思いました。以前から、文部省が通信制の大学院を認可するという記事も読んでいましたので、すぐに飛びつきました。」

「私は、仕事を続けながら学べる大学院を、ずっと探していました。最近では向学心の高い社会人のために、通信制の大学や大学院に関する本がたくさん出ています。それぞれ学校の特徴を紹介しているので、大変参考になりました。」

「私は仕事の仲間から、通信制大学院の話を聞きました。彼は突然つき合いが悪くなったので理由を聞いたら、大学院に行っていると言うのです。夜間の学校かと思ったら、なんと通信制の大学院でした。私は以前からもっと知識を深めたいと思っていたので、さっそく彼から、大学院の教員を紹介してもらいました。」

「私の情報源はインターネットのウェッブサイトです。通信制と大学院をキーワードとして検索し、いくつかの大学院を比較検討してみました。多くの通信制大学院は、情報通信メディアを活用した教育方法を採用していますので、ウェッブサイト上に大学院の紹介と教員の紹介が詳しく載っています。教員の顔写真や教育方法、それにゼミの紹介などもありますから、すごく参考になりました。」

「私は、ウェッブサイト上で大学院を見つけてから、大学の進学説明会に参加し、指導を受けたい教員に会いに行きました。最近は、通信教育を実施している大学院だけの合同進学説明会がありますから、一日でたくさんの資料が手に入ります。」

「私の場合、尊敬する理学療法士で、学生の時に臨床実習指導者としてお世話になった先生から、かつて所属していた宮本ゼミの話を聞き、宮本先生を紹介していただきました。」

「大学院受験の時期に、放送大学にも大学院が設置されたので受験しましたが、見事に撃沈されました。今だからわかりますが、当時は大学で学ぶことと、大学院で学ぶことの違いもわかっていなかった気がします。大学院は、大学のように卒業のために単位を修得するだけでは、修了することはできません。指導教員に指導を受け、研究を論文にまとめなければならないのです。そこまでの情報は書籍等で得ることはできたのですが、どこの大学院のどなたが、私の研究テーマの研究指導を担当してくれるのだろう、という新たな壁に直面しました。そんな中、日本大学大学院総合社会情報研究科のサイトを知り、サイト上の掲示板に私の研究テーマ、概要と経歴等を書き込み、指導の可能性を返信してもらいました。結果として、指導希望の教員から詳しく内容を聞きたい旨の返事があり、入学に向けた準備が始まりました。実際に送付した内容を以下に示します。

■大学院への質問、研究テーマについて

はじめまして、診療放射線技師をしております、五十嵐と申します。来年度の貴大学院受験を考えております。高齢者・身障者対応の「エックス線検診車」についての研究をしたいと思っております。できましたら宮本教授からご指導いただければと思います。以前、ここの掲示板に、ある程度まででしたらご相談にのっていただけるとあったと思います。宮本先生のご指導をいただける分野かどうかだけでも、確認できたら幸甚に存じます。宮本先生がよろしければ、詳細については先生に直接メール等をさせていただければと思います。

■大学院からの回答

お問い合わせ、ありがとうございます。来年度本大学院の受験をお考えのようですが、五十嵐さんが書かれたテーマですと、私の研究分野に該当すると思います。具体的なご質問に関しては、下記のアドレスにメールをお送りください。直接回答させていただきます。

miyamoto@gssc.nihon-u.ac.jp

なお私のゼミ生および修了生には、放射線技師の方が一名居られます。」

(3) 所在地を検討する

通信制なので、大学院のある場所はあまり関係ないと考えがちだが、実際のところ大学院に出かける機会はゼロではない。このため、自宅から大学院に通う場合を考えて、交通の便が良い大学院を探すことも重要である。在学中の費用として、授業料に加えて交通費や宿泊費なども考えておく必要がある。

では大学院の行事として何があるかを示すと、最初に開講式やオリエンテーション、それに泊まりがけの研修会などがあり、さらにスクーリングを必修としている大学院もあるので、通学のための距離は短いに越したことはない。また指導教官と直接会い、論文について個別に指導を受けることもあるので、大学院の所在地は、大学院を選択するための重要な要素となり得る。しかし別の見方をすれば、年に数回なら気分転換がてら遠くまで出かけ、ゼミ仲間に会う楽しみもあるだろう。

体験談

「私は九州の熊本に住んでいますが、家の近くには通信制の大学院はないので、東京の大学院にしました。もちろん飛行機を利用するので、空港から近い大学院が理想的ですね。移動時間を考えると大きな都市であればどこでも良く、距離はあまり関係ありませんでした。」

「私はカリフォルニアに住んでいます。日本には仕事の関係上、年に数回は日本に出かけますので、東京にある大学院なら便利だと思いました。」

「私は北海道に住んでいます。東京に出るためには、近くの空港まで行く時間の方が、長くかかります。通信制なので、大学院に通う回数が少ないと助かりますね。」

「私は群馬県在住ですが、東京へは二時間ほどで行けます。東京や埼玉周辺の通信制大学院であれば、スクーリングも問題ないと思いました。」

「私は広島に住んでいます。同期生には、広島にはない美味しい食べ物を教えてもらうこともできるので、新幹線で年に数回通う東京を楽しんでいました。」

（4）進学の準備をする

通信制大学院の入学時期は四月が多いので、十二月から一月にかけての新聞広告が手がかりになる。またオープンキャンパスや、進学説明会を年に数回実施している大学もある。さらに私立大学通信教育協会による合同入学説明会や、最近では社会人のための進学説明会も開催されている。しかし何といっても常時情報が得られるのは、ウェッブサイトにおける大学院のホームページだろう。ウェッブサイト上には、年間を通して大学院の案内が掲載されており、変更があれば速やかに更新されるので、最新の情報を入手できる。

またウェッブサイトには、大学院事務局や教員への連絡方法が掲載されている場合が多いので、いつでも大学院や教員に直接電子メールを送ることができる。電子メールの便利な点は、面倒な手続きをせずに直接話ができることである。早い時期から連絡を取り始めれば、大学の事務職員や教員が親切に対応してくれるはずである。入学案内の発送時期や、進学説明会の予定などを早めに知っておけば、入学願書の締め切り間際に、必要な書類が揃わず慌てることはない。筆者の場合は、六月頃から受験相談の電子メールが来はじめて、研究テーマに関する相談をメールで続ける場合が多い。教員との連絡は、早いに越したことはない。

体験談

「私の場合は四月頃に大学院への進学を考え始め、六月には指導を希望する教員に電子メールを書きました。そのときは大学院でどんな研究ができるか不安でしたが、教員とメールのやりとりをしながら、研究テーマを詰めていきました。」

「私は十二月の新聞広告で通信制の大学院を知り、慌てて大学院と連絡を取り始めました。入学案内を入手してから必要な書類を揃え、研究計画書をまとめるのにかなりの時間を要しました。もう少し早めに準備ができれば良かったと思います。」

「私の場合は、専門学校を卒業してからすぐに仕事をしており、大学を卒業していないので、大学院で受験資格の認定が必要でした。受験資格の認定方法は、大学院により異なると思いますが、分科委員会(大学院の教授会)は常時開催されているわけではないので、受験資格を認められたのは、受験願書提出の締め切り間際でした。手続き方法や時期を早めに知っていれば、焦らなかったと思います。」

「私は自分が考えている研究を、はたして二年間に完成できるかが、すごく不安でした。幸いなことに、指導を希望する教員と早めに連絡が取れましたので、願書を出す時点では、研究計画書を安心して出すことができました。」

「私は大学院について情報を集め、研究テーマをある程度明確に決めた六月から指導を希望する教員と電子メールでのやり取りを始め、より具体的な研究テーマの設定や、研究計画について相談をさせていただきました。入学試験が翌年の二月でしたので、充分に準備することができました。」

(5) 教員とのマッチング

大学院で学ぶ際に最も重要なことは、指導教員とのマッチングである。大学院は大学とは異なり、学生と指導教員との密接な連携が必要となる。特に通信制の大学院では教員と直接顔を会わす機会が少ないため、会える機会を最大限利用して、良い関係を築くことが重要である。

そのためには、教員の情報を詳しく調べる必要があり、専門分野、最近の研究テーマ、そして研究業績が参考となる。一方、教員の立場とすれば、学生の詳しい情報が欲しい。一般的に出願時には研究計画書、履歴書、成績証明書の提出が求められており、教員はこれらの情報を十分に調べて、面接試問に臨むことになる。

希望する指導教員とのコンタクト方法として最も簡単なのは、教員に直接電子メールを書くことである。電子メールが普及する以前の郵便の時代には、教員に手紙を書くのにかなり勇気が要っただろう。突然手紙を出して良いのか迷うし、電話を先にした方が良いかなど、気を遣う場合が多い。しかし電子メールが普及してからは、アメリカの大統領にメールが直接送れるように、誰にでも気楽にメールを書ける時代となった。電子メールであれば、郵便のように季節の挨拶が不要であり、初めから直接伝えたい内容に踏み込んでも問題はない。電子メールアドレスを公開している教員であれば、喜んで返事を書いてくれるはずである。

電子メールの内容としては、簡単な自己紹介と大学院に進学したい理由を書き、そしてその教員に、どのような研究テーマであれば受け入れるかを質問する。もし自分で考えた研究内容が指導教員の専門分野と異なれば、指導教官から研究テーマの変更を求められる場合があるだろう。しかし、研究テーマが指導教員の専門分野と少し違っていても、研究内容によっては受け入れる場合もある。要するに指導教員と十分に話し合うことによって、両者で合意できれば最初のハードルを越えたことになる。

体験談

「私は幸いなことに、仕事の同僚から指導教員を紹介してもらいました。大学院の様子は同僚から良く聞いていましたし、教員との関係にはあまり不安を感じませんでした。しかし実際に教授に直接会い、自分の研究テーマについて説明をしたときには、かなり緊張しました。でも研究する方法や解析方法について色々と助言を頂いたので、これならば私もやって行けそうだと思いました。そしてこの先生なら安心して指導を受けられると感じました。」

「私は希望する指導教員の経歴や業績を、徹底的に調べました。私の研究テーマに近い分野でこれまでどんな研究をされているか、また修了生の研究に似たような研究内容があるかをチェックしました。大学院は学部とは違い、教員と学生との関係は個別指導が中心になりますので、教員との人間関係は、大学院を選ぶのにとても重要だと思います。」

「私は教員に初めて連絡をする際に、電子メールを送るのか、電話で話をするかをかなり迷いました。しかし、知らない人に電話で自己紹介をするのも難しいので、電子メールを書くことにしました。最初に自己紹介をし、受験を希望すること、そして自分の研究テーマを示しながら、指導が受けられるかを尋ねました。するとすぐに返事のメールが返ってきて、研究に関する質問が書いてありました。このようにレスポンスが早い先生なら、気楽に相談ができると嬉しくなりました。電話は声の調子で相手の様子を知ることができますが、電子メールでも文章に人柄がにじみ出ます。かえって電子メールの方が何回も読み返すことができますし、時間をかけ言葉を選んで文章が書けますから、親近感を深めることができると思っています。」

「ホームページにある大学院の紹介や、ゼミ生の研究テーマの情報から、指導を希望する教員を探しました。指導教員が、医療分野と工学分野に明るいのが分かりました。大学院では限られた二年間で研究をし、論文にまとめるという作業がとても大切です。入学前から、指導を希望する教員と電子メールのやり取りをしていました。行間から読み取れる人柄が、安心感を与えてくれました。」

(6) 研究テーマを決める

通学制でも通信制でも大学院修士課程の場合、期間はたったの二年間しかない。このため、二年間で修士論文を仕上げられるような研究テーマにしないと、期限内に修了が難しくなる。しかし同じ研究テーマであっても、研究の到達目標を変えることによって、仕上げる期間は短縮できる。また実際に入学した後でも、教員と相談をしながら研究テーマを変えることは可能である。

では、どのような研究テーマが良いかといえば、自分の仕事に関連したテーマが一番お薦めである。なぜならば、仕事上で蓄積した知識を活用でき、また、データの収集や整理が容易なためである。これまで経験したことがない分野に挑戦し、自分の領域を広げることも大切だが、二年間しかない通信制大学院の研究としては、あまりお薦めできない。中には希望する指導教員の研究分野に無理に合わせ、研究テーマを考えてくる人もいるが、教員は自分の専門領域だと、研究レベルをどうしても高く設定してしまうので、注意が必要である。

例えば、医療分野で仕事をしている人の場合、研究テーマを医療と決めても、それを医学的に研究するのか、心理学的な観点からか、または教育的な観点、そして社会学的な観点からも研究は可能である。さらに医学的な研究といっても、生理学的な研究、臨床的な研究、また対象を動物にまで広げると、研究の仕方はかなり違ってくる。つまり研究テーマを決めると同時に、何をどのように研究するのか、方法論や評価方法まで考えておく必要がある。指導教員と入学前に相談する機会が得られたとしても、ただ研究してみたいだけでは先に進まない。

もう一つの良い方法は、希望する教員が過去に指導した、修了生が書いた修士論文を調べることである。しかし、研究テーマはウェッブサイトにて公開されていても、実際に修士論文を手にして読むには、大学院まで出かける必要がある。そして修士論文の閲覧に関しては、全く問題ないはずである。さらに教員の経歴や研究業績を調べるには、科学技術振興機構のデータベースを利用した、科学技術総合リンクセンターの「J-GLOBAL」が便利である。研究者の名前と大学名を入力すれば、教員の詳細な情報を簡単に入手できる。結論として、興味があるテーマ、仕事に関連したテーマ、そして新しい分野に挑戦するテーマの順に、研究テーマを決めていくと良いだろう。

体験談

「私は自分で用意した研究テーマを、希望する教員に電子メールで送りました。すぐに返信があり、その研究内容ではいくつかの問題があると、厳しい指摘をもらいました。私は先生の専門分野に近いテーマを考えてみたのですが、テーマは私の仕事からかけ離れており、さらに十分な知識と実験設備がないと、レベルがかなり低い研究になるというのです。そこでいくつか他の研究テーマを考えてみましたが、そのたびに専門的に問題点を指摘されてしまい、少し自信を失いました。しかし先生から自分の仕事に直接関係あるような研究テーマを薦められ、それなら私の知識が十分に活用できると判断し、研究計画をまとめることができました。」

「私は研究テーマを二年生になってから変更しました。最初の一年間で資料を集めて過去の研究を調べるうちに、同じようなテーマの研究がいくつか見つかったからです。修士論文としてオリジナリティの必要性を十分に理解していましたので、指導教員と良く相談して内容を変更しました。世の中には同じようなことを思いつき、研究している人がいるものですね。」

「私は二年目になってから実験データを取り始めました。しかし予想したような満足できる結果がうまく出ずに、途中で研究方法を少し変更しました。特にヒトを対象とした研究は、かなり時間をかけて準備しても成果が出ないことが多く、個体差があることを実感しました。たったの二年間ですから、難しいテーマに挑戦するにはもっと時間が必要でした。でも何とか成果を出し、学会で発表ができました。そして今は、博士課程でも同じテーマの研究を継続しています。」

「私は企業に勤めており、業務柄、自ら研究するという立場から離れていました。大学院へ入学しようと思ったのも、趣味をもっと学問的に突き詰められたら面白いかも？、という単純なものでした。したがって、研究計画を立ててもすでに解明されていたり、独創性がない、または修士の二年間ではまとまらないのではないか、という厳しい指摘を先生から受けました。今までの経験と専門性を生かしたテーマにしたほうがいいのでは？とのアドバイスが先生からあり、当初の目的であったテーマを諦めかけていた頃に、ふと趣味と専門性を生かしたテーマを思いつき、先生に相談したところ、それでいきましょうということになりました。それから修士論文にまとめることができた上に、学会で発表することもできました。」

「研究テーマについては、仕事に関係した内容にしました。入学して一年目は先行研究の調査、プレテストの実施と順調に進めていたのですが、二年生になる四月に人事異動があり、これまでの研究内容と全く関連がない仕事になりました。指導教員に「無理してこれまでの研究を進めるか」、「新たに研究テーマを探すか」を相談しました。「無理してこれまでの研究にこだわらず、時期が来るまで温めておいてもよいのではないか」とのアドバイスをいただき、新たなテーマを探しが始まりました。二年生の六月頃にようやくテーマの概要が見え始め、それから研究手続きを経て実施、何とか論文完成まで漕ぎ着けることができました。現在は大学教員になり、博士後期課程に進学しています。このときの研究テーマに関連した科目を講義で担当し、また、博士課程でも同じテーマに取り組んでいます。」

「私は研究テーマとして、十年ほど前に係わった月面基地のプロジェクトを頭の中で整理し、計画書を作成しました。」

二　受験の準備

(1)　研究計画書を書く

受験の際には、研究計画書の提出を求めている大学院が多い。その理由は、受験者がどのような研究をしたいかを知るためであるが、それ以上に、教員が学生の準備性を判断する意図も含まれている。筆者の個人的な見解かもしれないが、研究計画書を教員が読めば、受験者の専門的な知識、文章力、研究歴の有無などを評価できる。学生を受け入れる教員の立場としては、二年間で修了させないと指導能力が不足だと評価されるので、できれば優秀な学生を集めようとするのは当然である。

研究計画書の具体的な内容として、何を目的として研究するのか、どのような方法論でそれを証明するのか、そして予想される結果と、その研究成果が社会でどのように利用できるかなどを、簡潔にまとめて書く。研究計画書であるから、もちろん準備の段階でもかまわない。しかし期限内に収まりそうもない実験や、大がかりな調査を盛り込むことは避けるべきである。また入学してから教員と相談することによって、研究テーマの変更や内容を変更することはしばしばあるので、あまり深刻に考える必要はないだろう。最も確実な方法は、受験前に目指す指導教員と連絡をとり、研究計画書を読んでもらうことである。これは決しておかしなことではなく、通学制の大学院でも普通に行われていることである。現在では電子メールが普及しており、教員と簡単に連絡が取れるので、メールを交換しながら、より良い研究計画書の作成が簡単にできてしまう。

体験談

「私は研究計画書を書く段階で、どのように書くのかとても迷いました。箇条書きで書くべきか、それとも一つの文章でまとめるかという基本的なことからです。書きながら気がついたのは、これは誰が読むのか、そして何を伝えるべきなのかということです。おそらく指導教員は、このテーマの研究を指導し修士論文としてまとめられるかどうか、また、研究するための能力があるかを判断するのでしょう。それならばと、できるだけ読みやすいように、箇条書きで書くことにしました。」

「私の場合は、学会発表を申し込む際に提出する、抄録を参考にしました。研究目的を最初に書き、対象と方法、そして予想される結果、最後に研究成果がどのように役立つかをまとめました。文章で長々と書くよりは、この方が理解しやすいと思ったからです。」

「私は、この研究にこれまで取り組んでいたことを示すために、最後に文献のリストを付け加えました。こうすると、先行研究をきちんと勉強していることを、示せると思ったからです。もし可能であれば、指導教員の論文を文献リストに挙げられれば、効果抜群だと思います。」

「これまで研究計画書というものを書いたことがなく、「研究計画書の書き方」に関する書籍を参考に書き始めました。研究目的や意義、研究方法、期待される成果や参考文献などども含めるとより良いと思います。具体的に書けていれば、実際の研究もそれに沿って進めて行けます。私は現在、文部科学省から科学研究費補助金をいただき研究をしていますが、この場合も研究計画書の提出が必要になります。審査委員が新規性や研究の具体性、社会貢献、資金の使用方法等について審査します。思いがけず、大学院の入学準備のために研究計画書を書いた経験が、こんなところにも活かされていると思います。」

(2) 出願資格を確認する

大学院の出願資格については、それぞれの大学院によって多少異なっている。もちろん大学を卒業して学士の資格があれば問題はなく、また、学位授与機構などで受験資格を取得した場合や、専修学校の専門課程(文部科学大臣の指定するもの)を修了した者も出願資格を満たしている。さらに大学院で資格審査を受け、大学を卒業したと同等以上の学力があると認められれば、出願資格を得ることができる。

本大学院が開設した当初は、学士の資格を得るために、放送大学や通信制の大学などで学んだ後に受験する者や、学位授与機構で資格を得た者が多かった。しかしながら最近では、学内の入学資格審査に合格して受験する者が増加している。例を挙げると、国家資格である看護師、理学療法士、作業療法士、診療放射線技師などの資格があり、かつ十分な業務経験があれば受験を認めている。

言い方を変えると、これまでは大学を卒業しなければ大学院に進学できなかったのが、通信制の大学院が開講されたことにより、大学院の門戸が社会人のため広く開放されたことになる。筆者は、これまで大学卒ではないゼミ生を多く指導してきたが、彼らは社会人としてその道のプロであり、十分な専門知識がありかつ学習意欲が非常に高い学生なので、指導に関して何ら問題を抱えたことはない。

体験談

「大学院というのは、大学を卒業しなければ進学できないと思っていました。しかし友人から聞いて大学院の入学案内を調べたら、出願資格審査で合格すればよいことがわかりました。大学に行かなくても大学院に進学できることは、社会人にとって大変嬉しいことです。もっと世間一般に、このことを知らせたいと思っています。」

「私は大学院に進学するための準備として、放送大学で四年間勉強して学士号を得ました。仕事は医療系なので、それに近い科目を専攻しました。」

「私も通信制の大学を卒業してから、大学院を受験しました。お陰様で通信制における勉強の仕方を学びましたので、大学院に入学してからも違和感は全くありませんでした。」

「私は働きながら放送大学を卒業しましたので、大学院の受験資格についてはあまり考えませんでした。通信制の大学院を受験した際にも、時間をやり繰りして学ぶスタイルに、不安はありませんでした。」

(3) 必要な書類を用意する

受験のためには、卒業した大学などの成績証明書、研究計画書、履歴書などを用意する必要がある。社会人になると、卒業した大学の所在地と、実際に働いている場所とは離れていることが多い。このため願書を出す間際になって焦らないように、時間を要する成績証明書の入手を、早めに準備した方がよい。大学などの成績によって入試の合否を決めるわけではないが、受け入れる教員としては、これらの書類を見ることで心構えが違ってくる。これまでどのような科目を履修しているか、そして研究テーマとの関係をみれば、研究の素地を判断することができる。履歴書も志願者を知る重要な手がかりとなり、その分野における専門知識のレベルを、ある程度推測可能である。大学院は教えてもらうというより自ら学び研究をする場なので、これらの書類は教員にとって重要な情報源となる。

体験談

「私は成績証明書を準備するのに、かなり時間がかかりました。専門学校を卒業してから二十年も経過しているので、学校が簡単に成績証明書を出してくるのか心配もしました。しかし問い合わせると、さすが学校ですね、すぐに必要な書類を送ってくれました。久しぶりに自分の成績を見ましたが、もっと良い成績だったら良かったのにと思いました。」

「私は成績証明書を取り寄せるときに、理由をどう書こうかと考えました。職場を変えるのではなく大学院を受験するのですから、少しだけ誇らしい気持ちになったのを覚えています。」

「大学院を受験するために、卒業した大学の成績証明書と卒業証明書が必要でした。卒業した放送大学は全国に学習センターがあり、私の場合も地元で簡単に入手することができました。」

(4) 家族の支援と上司の了解をとる

大学院における二年間の学生生活を無事に過ごすためには、最初に家族の了解をとる必要があり、さらに家族のサポートも不可欠である。通信制大学院で学ぶ年代は三十代と四十代が最も多く、家庭を持つ社会人は多い。ひとたび学生生活を始めると家族との語らいは減り、自分のペースで過ごす時間が多くなる。そして休日には子供と遊ぶ時間を削って、レポートの作成に集中せざるを得なくなる。大学院に進学を決める際には、家族とよく話し合うことが大切である。

また仕事の面でも、超過勤務が多い職場に勤務していると、上司や仕事仲間との関係がぎくしゃくする危険性が高い。一般的な傾向として、大学院で勉強したいといっても、それは個人の問題であり、仕事は仕事と言われることが多い。最近では専門知識の修得を目指して、日本でも積極的に進学を応援する職場が増えていると聞くが、まだ少数だろう。博士号を取るために大学院へ行くと言えばある程度認めてくれるが、修士課程進学への理解は進んでいない。しかしながら、大学院進学の相談を上司や同僚にしてみるべきであり、意外と道が広がる可能性は高い。

体験談

「私には、主人と男の子が二人います。家族に大学院に行くと言ったら、最初はどうしてなのかと子供に聞かれました。お母さんも勉強したいのと言ったら、なぜかすぐにわかってくれて、僕も一緒に勉強すると言ってくれたので嬉しくなりました。私が食卓でパソコンの電源を入れると、子供も真似をして自分で勉強するようになりました。私の学生生活は、子供に良い影響を与えたようです。」

「私は大学院のことを、家族以外の誰にも言いませんでした。途中で挫折したら恥ずかしいと思ったからです。でも無事に修了できました。今では仲間がみんな知っていて、どうすれば大学院に行けるのかと相談にきます。」

「私は大学院に行っていたことを上司や同僚に言わずに二年間を過ごし、修了後に始めて打ち明けました。そうしたら、早く言ってくれれば良いのに、「スゴイね」、と褒めてくれました。」

三　入学試験

(1) 試験科目

大学院には入学試験があり、一般的に小論文、語学試験と面接試問を実施している。小論文はあるテーマを提示して、それについて短い文章を書く試験である。いつもパソコンで文章を書いている人にとっては、手書きの文章は少しきついだろう。小論文には字数の制限があり、短時間で文章の構成を考え、また書き慣れない漢字を想い出しながら、文章を書くことになる。小論文を採点する立場から言うと、提示したテーマをどの程度文章に盛り込んでいるのか、論文の全体の構成は論理的であるか、自分の主張を明確に示しているかなどを評価する。

語学試験に関しては、社会人を対象としている通信制の大学院では、語学試験を免除している場合が多い。しかし大学院であるからには、研究をするにあたってある程度の外国語の能力は必ず必要となるので、外国語の勉強をしておく必要がある。単語については辞書持ち込み可の試験が多いので、あまり心配することはないだろう。

体験談

「私は、入学試験のときに小論文で苦労しました。小論文のテーマはごく一般的な話題でしたが、字数に制限があり、まとめるのに苦労しました。このとき、ワープロはなんて便利なのかと実感しました。受験前に文章を書く練習をしておくのがよいでしょう。」

「入学試験で英語の試験が選択でしたので、私は大変助かりました。仕事の関係上、英語に接する機会はほとんどありませんし、英語の辞書なんかどこかにしまってあります。でも修士論文を書く際には、英語の文献を必ず読むように指導されますので、受験前から英語を少しずつ勉強し直すことをお勧めます。」

「放送大学の卒業と同時に、大学院を受験することになったため、英語試験を受ける必要がありました。しかし、普段英語を使うことはなく、また高校卒業以来まともな勉強をしていなかったため、英語は入学試験での一番の不安材料でした。試験までの限られた時間の中で、とりあえず英語拒否症を克服しようと思い、通勤時間に The Daily Yomiuri や The Japan Times など、英字新聞の興味ある記事を読むようにしました。日本のニュースは普段テレビなどで耳にしているため、たぶん英語ではこのように表現するんだろうと想像しながら、英語に慣れることを重点におきました。」

「試験科目は、英語と小論文でした。しかし、大学卒業後三年を経過していたので英語試験は免除になり、実際には小論文のみでした。小論文は制限時間内に、字数を考えながら作っていかなければなりません。普段、パソコンを使って文字を書いていると、鉛筆で文字を書くのはかなりきついと思います。私の場合は、新聞の社説を読み、字数制限を設けて要点をまとめる、テーマに対する自分の意見を書く、といった練習をしていました。このおかげで臆することなく、小論文試験に臨むことができました。」

(2) 面接試問

教員として、入試で最も重要視しているのは面接試問である。面接試問の時間は志願者が多いと時間を長く取れないので、一人につき十五～二十分としている。短時間で受験生の学力レベル、興味の対象、研究計画の具体性、そして通信教育の環境で学習が可能かどうかを判断する。本大学院では情報通信メディアを活用しているので、パソコンの知識や、電子メールの使用経験も尋ねている。

面接試問で大切なのは、教員の専門分野と、受験生が希望する研究テーマとのマッチングである。教員として志願者の研究を十分に指導が可能かどうか、二年という短期間で修士論文の完成まで到達できるかなど、責任があるので教員は慎重に判断する。大学のように多くの学部と学科があり、多彩な専門家を揃えられればよいのだが、大学院では教員の数が少なく、それぞれの専門分野はかなり狭いので、教員と学生のマッチングが鍵となる。

面接試問はお互いに緊張しがちだが、事前に教員とのコンタクトが取れていて、良い関係ができていれば、試問当日は単に顔合わせをするだけである。筆者の場合、試験前にほとんどの受験生と一度は直接会っているため、受験生との面接試問は世間話で終わることが多い。

体験談

「私は入学試験の前に、希望する指導教員と直接お会いしました。それ以降は研究についての相談をしてきたので、面接試問は少し緊張しましたが楽勝でした。試験官は他に二人もおられ、どんな質問をされるのかと心配しましたが、先生方は私が将来の指導教員と親しそうに話をするのを見ていて、ごく一般的な質問をされただけです。一回でも直接先生と会っておくことは、とても大切だと思いました。」

「私はこれまでインターネットにあまり馴染みがなく、個人的に電子メールを使ったことがありませんので、面接試問の際にパソコンについて聞かれた時には、とても不安になりました。しかし入学してからは、ゼミの連絡、レポートの添削や論文指導などで電子メールを毎日使うようになり、卒業する頃にはメールの達人になっていました。」

「久しぶりに入学試験を受けたときには、かなり緊張していたと思います。就職試験以来の試験だったことと、待合室には競争相手が大勢いたので、これはヤバイと思いました。若い人は二十代、そしてどちらが試験官かわからないような、年配の方もおられました。でも、希望する指導教員とは何回もメールのやりとりをしていたので、それほど不安を感じませんでした。」

「面接では宇宙の話題が中心となり、今後の勉学について指導を頂いた。また、二十単位の教養科目履修についての覚悟を示唆された。余談であるが、交通機関の事故を想定し、前日から水道橋駅近くに宿を取った。当日は風雨が強くこの安全対策は正解であった。」

「私は、面接試験で初めて指導希望の教員とお会いしました。これまで電子メールでのやり取りは数え切れないほどしてきましたし、先生のお顔も大学院のホームページで拝見していました。しかし、初対面だったので緊張したのを覚えています。そしてもう一名の面接官が厳しい質問をされたので、余計にタジタジとなってしまいました。でも、後半は世間話で終わりましたが……。可能であれば、事前に指導を希望する教員と直接会っておくと、私のような緊張はないと思います。」

「私の場合、宮本先生とはメールをさせていただいただけで、面接の時が初対面でした。面接では、放送大学や学位授与機構のこと、また、研究歴や研究計画について質問されました。忘れられないのは、その当時二十歳代のゼミ生はいないとお聞きし、「不合格だな」と思いながら、東京から逃げるように帰ったことを覚えています。」

四　開講式とオリエンテーション

新学期が四月から始まる大学院では、四月の始めに開講式とオリエンテーションを実施している。通信制の大学院における開講式は、指導教員以外の教員と、新入生の仲間に会える貴重な機会なので、必ず出席すべきである。オリエンテーションでは、担当の教員が履修科目の内容について簡単な説明をするので、履修科目を選択する際の助けとなる。もちろん印刷物として学生要覧もあるが、直に教員の話を聞くことによって、教員の人柄や教育方法に関した情報が得られる。さらに本大学院のオリエンテーションでは修了生も参加し、大学院生活の過ごし方、特に時間の管理方法についてアドバイスをしている。

いつも彼らが口にすることは、これまで通りの生活を続け、さらに勉強を加えると必ず潰れると言う。最初に削るのはどうしても睡眠時間になるため、健康上の問題が必ず生じてくる。いくら体力があっても二年間は続かないので、まず生活設計をやり直すこと、そしてこの二年間は、人付き合いが悪くなったと言われてもしょうがない。また家族や同僚のサポートが必須なので、よく話し合うのが必要だと言う。現実問題として、大学院に入学してから仕事上の問題や身体を壊し、休学や留年、そして退学する人が毎年数人出ている。

全体のオリエンテーション後には、指導教員を囲んでゼミ別のオリエンテーションを実施している。筆者のゼミでは、この会に大勢の修了生が必ず参加してくれて、先輩としての助言をしてくれる。幸いなことに、筆者のゼミは十年を経過しているので、以前から蓄積してきた学習のノウハウと、学生生活の過ごし方を先輩が伝授してくれる。

教員として、このオリエンテーションに一番望むことは、クラスとしての連帯意識の構築である。大学院のクラスは少ない人数とはいえ、通学制に較べると、クラスとして直接会う機会は非常に少ない。このため、新入生同士でクラスの名前を決めてもらい、クラス間の連絡やクラスをまとめる役目として、組長を選んでいる。ともすると孤独感に陥りやすい通信制であるから、仲間意識を持ち、お互いに助け合うことをお願いしている。またこのときに、ゼミのメーリングリストに使用する、電子メールのアドレスを確認している。

ゼミ別のオリエンテーションが終了すると、次は大学院を離れて、近くの店で上級生と修了生による新入生歓迎会を開催している。集まる修了生の数は毎年多くなり、時には新入生を圧倒している。修了生にとって新入生は、これから同じ釜の飯を食う後輩である。彼らにとってもこの会は、レポートや修士論文の苦労をすっかり忘れて参加する、楽しい会となっている。久しぶりに顔を出す修了生は、仕事の話、博士課程への進学について、また最近の研究状況などを教えてくれる。新入生にとって彼らの参加は、自分たちの将来像を描く貴重な手助けとなる。

体験談

「オリエンテーションで一番記憶に残っていることは、修了生が言ったことです。これまでの生活設計を作り替えないと、通信制大学院の二年間は非常に厳しいので、必ず身体を壊すということです。私はもう修了したので、辛くも楽しかった二年間と思えるようになりましたが、今思うと自分でも良くやったなと感心しています。」

「ゼミ別のオリエンテーションになったとき、上級生と修了生が一緒に参加してくれたので、とても嬉しく思いました。一年目には何をするか、二年目にはどんなことに気をつけるかなど、親切に教えてくれたのを良く覚えています。このとき入学した喜びを実感し、これから始まる二年間の心構えができたと思います。」

「新入生歓迎会の感想です。私たち新入生は六人でしたが、上級生六人全員とそれを上回る修了生が八人も、歓迎会に来てくれたので感激しました。通信制なので自分一人で勉強するのだと思っていましたし、ゼミの仲間がこんなに仲がよいとは、想像していませんでした。先輩たちから色々と経験談を聞くことができ、大変有益な時間でした。」

「新入生の仲間が初めて一緒に集まったのは、オリエンテーションでした。私は電子メールで先生と話をしていましたので、入学する前からどんな仲間がいるかを聞いていました。しかし実際に会ってみると、予想がかなり外れました。皆さん私より年上に見えましたし、自信に満ちた話をされていました。でも大学院の講義室で行われたゼミ別の説明会では、先輩たちがお菓子と飲み物を用意して下さり、非常にアットホームな雰囲気でした。通信制なので仲間とのつながりは薄いと思っていたのですが、これがゼミの雰囲気だと思い、意外な感じを受け驚きでした。」

「先生からクラスの名前を決めて下さいと言われた時、最初はかなり時間がかかると思いました。しかし例としてこれまでのクラスの名前を挙げて頂きましたので、五分ぐらい議論しただけで、クラスの名前を「まんてん」と決めました。決めた理由は、この頃宇宙飛行士になった女性のドラマが放映されており、また私たちのクラス全員が、満点をとって大学院を修了することを願ったからです。お陰様で私たちは一人の脱落者もなく二年間で修了でき、クラスの仲間とは今でも連絡を取り合っています。」

「市ヶ谷の日本大学会館で開講式があり、初めて同期生六名と顔を会わせた。良い先生と仲間達に巡り合ったと安心した。夜の先輩達との歓迎会では、「良い人たち」との見方が一層拡大された思いであった。」

「開講式では、先生方の紹介や先輩の体験談がありました。通信制の大学院ですが、先生方と直接顔を合わせ、「この先生はこんな声をしているのか」とか感じられて、親近感が湧いてきたのを覚えています。ゼミ別のオリエンテーションでは、初めて「同じ釜の飯を食う」仲間と出会いました。最初は緊張していましたが、クラスの愛称「私たちの代はアトラスと言います」を決めると、みんなの距離が縮まった気がしました。また通信制のゼミなので、先輩との繋がりもあまりないと思いましたが、オリエンテーションには先輩方が全国から駆けつけてくれて、このゼミの大きさが感じられました。私も修了して数年経過しましたが、ゼミの新入生のオリエンテーションには、毎年欠かさず顔を出しています。

また、同級生アトラスのみんなとも連絡を取り合ったり、研究のアドバイスをもらったりと、一生モンの付き合いをしています。」

五　パソコンの研修会

本大学院の特徴として、情報通信のメディアを利用するために、大学院から全ての学生に、ノート型のパソコンを貸与している。これらの情報通信メディアをフルに活用することによって、時間がかかった従来の郵送によるレポートの提出・添削を早くすることが可能となり、また電子メールを利用することによって、学生と教員との連絡を早くかつ容易にしている。しかしながら、入学する学生の全てがパソコンの使用に長けているわけでないので、入学時にパソコンの研修会を実施している。学生はパソコンの使用経験により、一日または二日間の研修会を受講してから、自分のパソコンを手にすることになる。研修会の内容は、ワープロや電子メールの使用方法から始め、インターネットを経由して大学院のサーバーにアクセスする方法を学ぶ。また、大学では契約した企業の支援を得て、自宅からインターネットに接続する方法や、プロバイダーとの契約までもサポートし、インターネットを通じて大学と自宅のネットワークが確立するまで、責任を持って対処している。大学院が設立された初期には、教員と学生の情報通信技術レベルは低かったが、最近では、本当のパソコン初心者は、ほとんどいなくなった。

体験談

「私はパソコンが苦手でした。仕事で使うことはありますが、インターネットの接続や、電子メールについては全くの素人でした。しかしパソコン研修会に参加すると、先生やアシスタントの方が大勢おられて、とても親切に指導して頂きました。これからこのパソコンとインターネットを使い、先生や仲間と話をするかと思うと楽しくなりました。大学院を修了して少し経ちますが、お陰様でパソコンは私の日用品になっています。」

「パソコン研修会では、皆さんからとても親切な指導を受けました。研修会終了後には、大学と契約されている企業の方が、自宅でインターネット接続を始めるための方法を詳しく教えて下さり、私たちが責任を持って、大学院と接続できるまでお世話をしますと言われたので安心しました。」

「私はパソコン研修会に参加を申し込む時に、初心者にマークをしました。これまでほとんど経験がなかったからです。この結果、研修会ではほとんど個人授業を受けたことになりました。操作がわからず立ち往生するたびに、つきっきりで教えてもらいました。しかし自宅に帰ってパソコンを動かしてみると、わからないことがたくさん出てきました。でも大学院から配布された資料が手元にありましたので、何回も読み直し、一人で操作ができるようになりました。」

「私がとてもお世話になったのは、大学院のヘルプデスクです。大学院にはフリーダイヤルの電話があり、パソコンの操作で困ったときや、インターネットの接続がダメになったときには、いつも親切に指導していただきました。インターネットがつながらないということは、学校に行く電車が止まったようなものです。このヘルプデスクがなければ、私は大学院で勉強ができなかったと思っています。」

「パソコン研修会の帰り道、研修を受けた同期の二人と一緒に、ご飯を食べに行くことになりました。最初は緊張していたのですが、お酒も入りすっかり打ち解けることができました。このときに、私のあだ名がつき、修了した今でもそのあだ名で呼ばれています。」

「所沢キャンパスで開かれたパソコン研修会では、新品パソコン一式を貸与され、テレビ授業のセットまで入っていたのには感激しました。パソコンの使用例をいろいろ教えていただき、改めて感激した。百人規模の同期生の数と、香港から来たという声に驚いたものである。」

「私は、仕事でも自宅でもパソコンを使っていたので、あまり不安はありませんでした。しかし、万一のトラブルに備えて、ヘルプデスクの存在は心強く感じました。周りにはパソコンに触るのも初めてという方もいましたが、とても丁寧に指導してくれていたのを覚えています。」

六　学生生活

(1) 履修科目の登録

日本大学大学院では、修士課程を修了するための単位数を、二年間で三十単位以上としている。このうち必修科目は四単位、特別研究(修士論文の作成)が二年間で六単位なので、この他に二十単位(五科目)以上を履修する必要がある。人間科学専攻を例に取ると、必修科目は社会哲学である。また、一年間に履修できる単位数の上限を二十単位としているので、一年目には必修科目以外に、選択科目を四科目履修する必要がある。そして二年目には選択科目として一～二科目を履修し、特別研究の六単位を加えて三十ないし三十四単位で修了する者が多い。選択科目は数多く用意されており、興味のある科目を沢山履修することは可能だが、当然それだけ多くのレポートを作成することになるので、負担が増える。一般的には、指導教員が担当する選択科目を二科目履修し、その他に二～四科目を履修している。

選択科目を選ぶ際には、指導教員や先輩からのアドバイスが非常に役に立つ。自分の研究テーマに関連した科目を選ぶのは賢明であるが、なかにはこれまで一度も勉強したことがない科目に挑戦する学生もいる。しかし医学や心理学のように、その分野の基礎知識が不足していると、苦労する場合が多いので注意を要する。

体験談

「履修科目を選ぶときには、先輩からの話がとても役立ちました。指導教員の科目は二つ必ず取ること、そして一年目は履修単位数の上限である二十単位までとり、二年目には修士論文作成に時間が取られるので、選択科目をたくさん取りすぎないようにと言われました。選択した科目は、自分の研究に役立つ科目、そして私が勉強してみたかった科目の順に選びました。」

「私は心理学を勉強したことがなかったので、心理学のレポートにはかなり苦労しました。通信制とはいっても大学院ですから、これまで心理学の基礎を勉強していないと、専門用語を理解するのに時間がかかります。しかしレポートの添削で先生から指摘を受けるたびに教材を読み直し、最後に合格点をもらいました。お陰でこのとき学んだ心理学は、仕事の上で大変役立っています。新しい分野に挑戦して勉強することは、やりがいがありますね。」

「履修科目の選択は先輩方のアドバイスを参考にしました。二年目は修士論文の執筆があるので、二年間でどう計画して履修するかを考えながら、自分の研究テーマと関係のありそうな科目を履修登録しました。同級生と同じ科目を登録して、通信制と思えないほど協力し合って乗り切った科目もありました。」

(2) 研修会と合宿

情報通信技術が進歩し、インターネットが普及することによって、「いつでも」、「どこでも」大学院教育を受けることが可能になってきた。教員と学生は電子メールで常時つながり、テレビ会議などによって、在宅のままお互いに顔を見ながら話ができる環境も実現可能となった。しかしながら、教育には学ぶ側の学生と教える側の教員が存在し、両者の良好な関係がなければ教育は成立しない。また通信教育の弱点である孤独感を解消するためにも、共に学ぶ仲間との交流が不可欠である。これら良好な関係を築くために、筆者のゼミでは毎年六月末に、二泊三日の研修会を開催している。二十代から七十代までの年齢差があり、異業種でかつ生活環境が違う人達が短期間で仲良くなるには、集まって一緒に生活し、同じ釜の飯を食うことが最良の方法である。また一緒に運動することにより、親近感も高められる。

ゼミの研修会には、本来の目的である学生の研修や研究の指導も含まれているが、それ以上にゼミ生間の親睦を、研修会の大きな目的としている。在学生だけではなく、修了生も多数参加してくれるので、彼らが過ごした二年間の経験談や、修了後の状況などを聞きながら、新入生は二年間の具体的なイメージ作りに役立てている。この研修会が終了すると、クラスとしてのまとまりができ、共に学ぶ連帯感が生まれてくる。

体験談

「私のゼミでは二年間に、二回の研修会がありました。軽井沢にある大学の研修所を使い、二泊三日の合宿です。指導教員からは必ず参加するように言われていましたが、参加して初めてその意味がわかりました。先生からの講義、上級生からは研究の紹介、そして仲間との楽しい会話がありました。社会人になってから、このような合宿の経験はありませんから、みんなで一緒に食事をし、仕事を忘れて夜遅くまで話せたのは、とても有意義でした。もちろんクラスの結束は強くなりましたし、初めて会った先輩達と顔見知りになり、先輩の苦労話は、私にとってこれから過ごす二年間の道しるべとなりました。」

「一年目の研修会では、まだ本当の大変さを知らなかったので、楽しい想い出となりました。しかし二年目になると、先生から研究についての個人指導があり、さらに全員の前で研究についてプレゼンします。新入生が先生とテニスを楽しんでいる間に、私はパソコンと格闘しながらプレゼンの準備をしました。このプレゼンの後には、ゼミの仲間から質問を受けます。ゼミには同じ分野で働く人や、仕事の分野は違っても皆さん仕事をしているプロですから、それぞれ厳しい質問や助言をしてくれます。しかし学会や研究会で議論するのとは全く違い、どうすれば良い研究ができるかという議論ですから、素直に聞くことができ大変役に立ちました。」

「寝食を一緒にすることが、こんなにゼミ仲間の連帯感を強め、仲間や先生との距離感が縮まることを実感しました。先輩の話によると、みんなで直接会う機会は二年間でも十回以下だそうです。でも、この短い二年間になぜか強い絆ができ、何でも相談できる友達になるようです。友達と言うより、やはり仲間ですね。住んでいる場所は遠く離れていても、電子メールでいつもつながっていて、機会があればいつでも仲間に会いたいと思うようです。これが現代的な、新しい人間関係のあり方でしょう。」

「一年目の合宿は、入学して早々ということもあり、旅行気分で参加したところ、先輩から日本語の使い方など一から指導を受けました。先生よりも厳しかったです。二年生の研究テーマ発表をみて、先輩方の厳しい指摘に入学して初めて焦りを感じました。厳しい先輩方も、夜の宴会では人生について語ってくれ、自分を振り返ったり目標を持ったりと、刺激をもらうことができました。また、遅くまで飲んで語り明かしました。また他学部生が乱入したりと、学生生活を満喫しました。二年目の合宿は一年目とは違い、研究テーマ発表の準備に追われ、緊張した時間が続きました。いつも厳しく指導してくださる先輩に、わかりやすい発表だったねと声をかけていただいたことが、自信につながりました。」

「通信制の学生生活で得たものは、ゼミの先生方や先輩方、後輩、同級生達とのコミュニケーションの強さである。当ゼミでは、入学時の先生・先輩を交えた歓迎会、六月の軽井沢合宿、夏・秋の必修講義（一年次）、修士論文関連（卒年次）、及び修了式等と年代を超えたコミュニケーションが用意されている。さらに、メールシステムが完備していて、常時連絡場所の整備がなされていることも特徴の一つである。」

「私のゼミでは一年に一度、軽井沢で合宿をしていました。一年目は先生方や先輩、同級生らと親睦を深めていたのを覚えています。合宿の内容は、先生や先輩の講義、二年生の修士論文のプレゼンになります。二年目は、指導教員から修士論文に対する個別指導と、合宿参加者の前で研究についてのプレゼンが主になります。発表の直前までパソコンと格闘していたのを覚えています。プレゼン後の質疑では、幅広い分野の先輩や後輩からたくさん意見をもらいました。別の分野で活躍する方からの意見は新鮮で、研究の進めるのに役立ちました。もちろん、親睦を深める時間もたくさんありましたので、テニス大会や軽井沢散策、懇親会等たくさんの思い出があります。私は群馬県在住ですので、修了して数年たった今でも、毎年の恒例行事として合宿に参加させてもらっています。」

「軽井沢合宿では、修了生や在学生からの、修士論文の作成に関する厳しい質問や指導があり、建設的な意見で本当に助かりました。その内容は、修士論文の書き方などの基本的なものや、研究の具体的なものまで細かく指導をいただきました。指導は夜の交流会の場まで続き、私にとって二泊三日が大変実りのあるものになりました。現在は修了生として、少しでも恩返しができればと思い、参加させていただいています。」

(3) スクーリング

通信制の大学院では、数日間のスクーリングを開催している場合が多く、スクーリング期間中に、必修科目や実技指導を伴う科目を履修する。スクーリングは教員と学生が直接会う貴重な機会なので、積極的に参加することをお勧めする。自宅から大学院まで距離が離れていると交通費はかかるが、参加して得るものは大きい。ゼミの仲間だけではなく他のゼミ生との交流ができるので、情報交換にも大変役に立つ。

またレポートについても、メールより具体的な質問を、教員に直接ぶつけることが可能である。教員は相手のイメージを作りながらレポートを添削するが、直接会って信頼関係ができれば、コメントの書き方をきつくも柔らかくもすることができる。何と言っても教材だけで自習するよりは、実際の講義に勝るものはない。

筆者のゼミでは、スクーリングの期間中にゼミの夕食会を開催しており、上級生や修了生も参加してくれるので、昼間の勉強を忘れて四方山話に花を咲かせている。夕食会の会場としていつも利用するのは繁華街の居酒屋だが、以前宿泊先をホテルではなく近くの旅館とし、自宅から大学院に通える人も含めた全員で、スクーリングと温泉旅行を同時に楽しんだクラスがあった。さすが社会人はひと味違うと、私はいたく感心したのを良く覚えている。

体験談

「私の専攻では、社会哲学特講（略してシャテツ）のスクーリングが必修でした。三日間のスクーリングでしたが、土曜・日曜を含めた日程になっていましたので、仕事への負担はほとんどありませんでした。これまでに哲学という学問を学んだことがなかったので、教科書だけでは理解できない部分まで、スクーリングで理解できました。教員に直接質問できるのも、通信制では大きなメリットと思います。また、ゼミの先生や先輩、同級生と夕食会があり、ここでもシャテツ攻略法やレポート等の相談ができました。また、私は情報処理技術という科目も履修していましたので、こちらでもスクーリングがありました。ホームページの作成を実際にやるといった、仕事では学べない内容でした。」

「職場と家の往復という生活スタイルは入学後も変わらず、少々寂しい思いをしていました。それだけにスクーリングが待ち遠しくてたまりませんでした。多くの学生に混ざり講義を受けていると、大学院生になった喜びを感じました。中には難しい講義もありましたが、嬉しいことにゼミ仲間の一人が録音してくれており、帰り際、ゼミ生全員にコピーしたCDを配ってくれました。おかげで家に帰って何回も聴きなおすことができ、仲間の存在をとてもありがたく感じたものです。」

「当時、私は病院勤務をしていました。しかも年齢は二十代で勤務歴も浅く、普段の勤務が週五・五日というシフトでした。ですから年に二回といっても一度に三日間連続で職場に休暇を申請するのは、結構勇気がいりました。最初に学校暦を見たときは、「仕事をどうやって休もうかなぁ…。」ということを心配していました。でも、日程をよく見ると七月末の土日と、十一月の祝日前後のスクーリングでしたので、職場はせいぜい一日の休暇で済みました。小さなことでしたがこれがきっかけで、働きながら同時に自分の時間を確保するという発想と、行動力が身につきました。また、自分で時間を作る大切さを実感しました。」

七　レポート

(1) レポートの作成

履修登録が済むと、四月末から五月初旬にかけて、教材が自宅に届く。教材は市販されている書籍を主として用い、前期と後期を合わせて、二冊の本を読みレポートを作成することになる。レポートの長さは教員によって多少異なるが、一般に三千〜四千字としている。一科目について二つの課題が設定されているので、教材が届いてから前期レポートの提出期限である九月中旬までの約四ヶ月間に、五科目を履修すれば十本のレポートを書かねばならない。手元に教材があり、参考にする書籍が指示されているとはいえ、早めに準備をしておかないと間に合わなくなる。

本大学院では、科目担当の教員に質問することを強く推奨している。レポートのまとめ方、さらに専門用語などについても質問すれば、数日以内に回答が届く。教員としては、提出期限間際にレポートが集中するのは避けたいので、早めのレポート提出をいつでも歓迎している。これら教員との質問のやりとりや、レポートの添削が通信教育における教育手段なので、質問やレポートの提出回数に制限はない。どんなことでも、何回でも質問した方が勝ちである。

「私は放送大学を卒業しましたので、通信制の教育には慣れています。通信制教育の特徴はマイペースで勉強ができることです。しかし通信制の大学院に入学してからは、毎日教材を読み、たくさんのレポートを書くことに時間を取られました。勉強するのは夜か週末の休みを使いますので、結局、睡眠時間をかなり削らざるを得ませんでした。」

「私も放送大学で単位を履修し、学位授与機構で学士号を取得していたため、通信制教育や、仕事をしながらの勉強には慣れていましたので、それほど気にはしていませんでした。レポート作成は、仕事前の早朝と休日の午前中を利用して集中的に行い、可能な限り余暇活動も行うようにしていました。」

「私は社会人になってから、数年後に入学しました。そこで最初に苦労したのがレポート提出でした。というのも普段は仕事をしていたので、「一日一回は机に向かおう」という目標を立てたものの、なかなか実行ができなかったからです。実際に勉強を始めたのは、夏季スクーリングが終わった頃でした。指定図書を読まないとレポートが書けないようになっていたのですが、この本を読むのに想像以上に時間がかかってしまいました。いよいよ提出期限が迫り切羽詰まってしまったので、上司にお願いして職場の仮眠室を三週間に渡り貸し切りで引きこもり、前期のレポートを作成した記憶があります。普段から勉強の習慣をつけないと後からヒヤッとするので、早めに生活を切り替えた方がいいと思いました。」

「自分の専門外の科目を取った際、自分の専門とは文献の書き方の取り決めが違っていたことに気がつかず、指摘されても何が違っているのかもわからず、先生とレポートでバトルしたことがありました。しかし、最終提出の許可がでたとき、「負けずによくがんばりましたね」との先生のコメントがあり、がんばってよかったと実感しました。レポート添削では、早い先生だと提出後一時間以内にコメントが返ってくることもあり、張り合いがありました。温かいコメントが、またやる気にさせてくれました。」

「二年間の学生生活は慌しく且つ、懐かしく、そして瞬く間に過ぎ去った。当然、日常業務と並行した勉学であり、在宅勤務者である自分にとっては、仕事と勉学の時間配分に苦労した。どちらも締め切り期日に攻められるからである。今ではマルチワークの極意を会得したと考えている。」

「必修科目の「社会哲学」の他に選択した科目は、入学目標の一つである「宇宙人間科学特講」、「人間工学特講」、現在の業務に関係のある「環境社会学特講」と「環境生態学特講」、二年次には「宗教哲学特講」、「認知心理学特講」であった。何れも、送付されたテキストの他に参考となる図書を、東京駅南口の八重洲ブックセンターで、数時間かけて探し求めた。登校日の帰途であったろうか。レポートは当然特設メールで提出する。馴れない手付きで締め切り間際に提出したものである。結構字数の割り増しに苦労もした。三千字以上が決まりの様だった。」

「一年目は前期・後期合わせて二十本のレポートを書きました。私は性格上、追い詰められるとパフォーマンスが発揮できないので、早め早めのレポート提出を心掛けていました。こうすることにより、添削後のレポート修正にも時間をかけられるのでお勧めです。科目によっては、論文執筆に準じた作法(参考文献の書き方等)が異なるので注意が必要でした。」

「平日には、無理すれば一時間程度の時間を作ることができましたが、実際は仕事と家事で疲れており、頭が働きませんでした。そこで、週末の休日二日間をすべてレポート作成にあてることにし、二〜三週間かけて一本のレポートを完成させることを目指しました。週末の休日をレポート作成にあてるというのは、結構大変そうに聞こえますが、実際はのんびり書いていましたし、昼寝もしていました。早めに提出すると、先生もすぐにチェックを入れて返信してくださるので、提出期限までの間に何回もご助言をいただくことができました。

初めての軽井沢合宿の際に、「最終提出したレポートは互いに見せ合う」と同期の仲間で話し合って決めました。自分の書いたレポートをみんなに見てもらうのはとても恥ずかしかったのですが、仲間の書いたレポートを読むことで、自分と違う視点の置き方を知り、非常に勉強になりました。」

(2) レポートの添削

一般的には、一つのレポートについて草稿と添削のやりとりを数回重ね、最終レポートを提出することになる。中には、五〜六回もやりとりを繰り返すこともあるが、学生は社会人なのですぐに要領を理解してくる。レポートを早めに提出すれば、教員は十分に時間をかけて添削するので、お互いに幸せな関係が構築できる。

面白いことに、レポートを数回読んでいると、その人の考え方や性格をかなり把握することができる。ペンフレンドが文通すると同じように、学生も教員もお互いの癖が分かるのだろう。レポートで注意することは、興味がある科目に熱中し過ぎて、長文のレポートを書くことである。確かに完成度が高いレポートを書くのも悪くはないが、レポートの本数が多く、期間も決められているので、まずは全てのレポートを出すことに励むべきである。後期になると、レポートを書く期間がさらに短くなるので、なおさら注意が必要である。

一般的に言えば、教材を読むのにはそれほど時間はかからないだろう。しかしながら、レポートの内容を決め、どのような構成とし、実際に書き始めると時間はすぐに経ってしまう。仕事中には無理だろうし、帰宅後の数時間、そして休日をフルに利用しなければならない。睡眠時間を減らすことだけは避けるべきである。

体験談

「私は普段から、言葉の伝え方に問題があると思っていたのですが、レポートの文章を読み返してみると改めて実感しました。また先生のきめ細やかな指導や安心感からは、教師として学生を相手にしている自分の未熟さも実感しました。自分も学生として指導を受けたことを、幸運と感じられるよう精進するつもりです。」

「レポートを書く途中に気持ちが入りすぎて、人間工学のレポートだということを何度も忘れそうになり、先生からアドバイスをいただくたびに目が覚めて、本来の目的を見直すことができました。知識や技術はもちろんのこと、臨床の内容を文字に表すことは私にとって容易なことではありません。でも進学できたからこそ、わかったことがたくさんあるのだと思っています。レポートの書き方分析は、後日してみます。」

「ほとんどの先生は数時間から数日以内に添削結果を返してくれました。とても細かな部分まで指摘してくれたり、参考になる意見を書いたりしてくれます。これらを参考に再提出をして完成度を高めていきました。開講式で実際にお会いしている先生方ですし、何度もメールで指導してくださるので、通信制とは思えないような親近感があります。」

「どうレポートを書いてよいかわからず、最初は非常に悩みました。とにかく「たたき台」を作り、それを提出することにしました。どの先生方も私の考えを受けとめてくださった上で、不足部分を指摘してくださいました。新たに調べ直し、修正を重ねていくとレポートがだんだんと纏まってきます。その過程がとても嬉しく、学ぶ楽しさを知りました。」

八　修士論文

（1）論文の作成

大学院の修了条件として、修士論文を課していない大学院もあるが少数である。大学院は教育を受ける場でもあるが、主たる目的は研究であり、短い二年間の修士課程において研究成果をあげるためには、入学前から十分な準備をしておく必要がある。入学後は研究の内容を指導教員とよく相談し、どのレベルの論文を書くのかを決める。レベルと言ってもわかりにくいが、その分野における全国レベルの学会で、発表ができるようなレベルを期待しており、学会で発表するだけであれば、それほど難しくはない。さらにその上のレベルを目指せば、学会誌に投稿できるレベルである。しかし学会誌に原著論文として掲載するためには、編集委員会による査読があるので、そう簡単にはいかない。

修士論文を評価する基準としては、最初に論文のオリジナリティ（独創性）が挙げられる。オリジナリティとは、これまで誰も考えたことがない研究テーマや、誰も試みたことがない実証方法、そして結果は既知であっても独創的な解釈や新しい理論の構築などである。しかしながら世界は広いので、自分では素晴らしい研究を考えたつもりでも、その分野の文献を良く調べてみると、同じような研究が必ず見つかる。世界中ではなくとも、国内の文献を徹底的に調べる必要があり、先行研究の文献調査から研究は始まる。独創性の他には、研究テーマが斬新であること、その分野で話題になっている研究、そして最終的に社会に役立つ研究が良いと考えている。良い研究をするには、最初に何が解明されていないかを知ること、そして新しい観点から考察することである。つまり、発想の善し悪しが論文の価値を決めることになる。

論文の長さに関しては、Ａ４の紙で五十ページを目標としている。この中には、表紙、目次、図表、そして文献リストも含まれるので、本文は思いのほか短くなる。学会誌に掲載する論文の場合には、専門用語を駆使して簡潔にまとめた論文を良しとするが、修士論文の場合は読者の対象を広げて、本文中に研究の背景や解説等を含めるように指導している。

研究方法には、対象をヒトや動物とした実験や、質問票による調査研究などがある。論文として書きやすいのは、実験や調査をし、その結果に基づいて議論を展開することである。もし手持ちのデータがない場合には、議論する対象をどこからか探してこなくてはならない。短期間に計画を立て、データを取得し、結果を解析して考察を書くのには、かなりの時間を要する。また、アンケート調査の場合にはある程度の人数が必要となり、しかも一〇〇％回収できるとは限らないので、周到な準備が必要となる。これら以外にも過去の報告を網羅し、総説的な研究も可能だが、独自性を出すのが難しい。

「私の場合は、諸事情から二年目の六月頃に研究計画ができました。研究対象が人だったので、職場で倫理審査を受けました。それからプレテスト実施、本調査実施、データ収集・分析、論文執筆という流れでした。研究計画を基本として「書けるところまで書いておく」と良いと思います。もちろん結果が出ないと考察等は書けませんが、研究目的や研究方法等までは書いておくと、自分自身の理解も深まります。私は大学院修了後に修士論文の内容を国際学会で発表し、その後に原著論文として社会に公表しました。」

「いつか修論のまとめを学会で発表できたらいいなぁとずっと考えていましたので、卒業後に全国レベルの学会で発表できた時には、とても嬉しく思いました。」

「修士論文のテーマは、「月面基地におけるリサイクル式食糧生産システム」です。基本的な資料は、各種学会誌への自分の投稿論文等を集めておいたので、安心でした。あとは各国・各民族の食習慣を集約して、多くの民族の嗜好に近い共通の調理食品を計画し、その原料作物をリサイクル栽培する計画だけと考えていました。ところが六月の軽井沢ミーティングで、この構想を先生・先輩・同級生・新入生の前に披露したら、「少し絞った方が」と先輩に注意されました。案の定纏めは混乱し、何とか年末には枚数だけは用意できたものの、「物語だね」と言われる始末でした。」

「入学した段階では、実験系の研究テーマを決め準備を始めていたのですが、いざ研究に取り掛かると足らないことが沢山出てきました。そして先行研究を調べようと論文検索システムにあるキーワードを入力したところ、二五〇〇件以上ヒットしてきたので、いきなりオリジナリティの壁にぶつかった気分でした。研究計画書を出す際に、事前にもっと調べておけばよかったと思いました。それから、実験機材等の調達が問題でした。私の職場は学問とかけ離れた環境でしたので、実験機材や場所や協力者を、ゼロから揃えました。実験は思った以上に費用がかさみ、機材のレンタルとその解析ソフトに、数十万円もかかりました。テーマを曖昧なまま設定すると、すべて自分に返ってきます。自分の周囲の環境を見て、利用できるものは利用すること、実験計画は早い段階で、できるだけ具体的に設定した方がいいと思いました。」

(2)　論文の指導

修士課程の最初の一年間は、沢山のレポート作成に時間を取られるので、修士論文に取りかかるのはどうしても二年目になってしまう。二年生は、六月の研修会にて研究の概要を発表するので、この頃から尻に火がつくようだ。通学制の大学院においては、指導教員以外の若い教員や、他の院生(博士後期課程など)が論文を指導する場合が多い。一方、通信制の場合は教員が学生と一対一で対応するので、話は簡単である。

さらに通信制の利点として、教員の都合を考えて会いに行く必要はなく、たとえ論文が書きかけであっても、電子メールにファイルを添付して送っておけば、数日後にはコメントが返ってくる。もちろん教員にとって、締め切り間近となった年末にこの電子メールが頻繁に来ると、かなりの脅威にはなる。

しかしながら、いくら情報通信メディアが便利であっても、直接会う機会は必ず必要なので、筆者のゼミでは九月と十一月に、修士論文の指導日を設定している。このように年間の行事をあらかじめ決めておき、締め切り日を設定することは非常に大切である。通信制では毎日顔を会わせていないので、対象が社会人の大学院生であっても、催促や期限を切らないと修論は遅れ気味になる。

体験談

「実際に教員から直接指導を受けたのは、六月のゼミ合宿、そして九月と十一月の東京での三回でした。その間は自分で研究を進めて、書けた部分までを電子メールで指導教員に送り、添削指導を受ける形でした。ここでも科目のレポートと同様に、早め早めに提出することで、より完成度の高い論文に近づくと思います。東京での論文指導の後は、先生と同級生（戦友）と夕食会で「やる気」と「刺激」をもらって帰宅します。そしてコツコツと論文執筆に励んでいました。我々同級生の合言葉は、「宮本先生に正月休みを」でした。……残念ながら先生にゆっくり過ごして頂くことはできませんでしたが、この合言葉は同級生の絆を深めてくれました。」

「自分で調べてもわからなくなった時には、先生によくメールで相談していました。このメールのやりとりがあったおかげで、論文の書き方を全く知らなかった私でも、修論を完成させることができました。先生とは頻繁に論文についてのメールのやりとりをしていましたので、九月と十一月の修論指導は、現在の進行状況の再確認といった感じで終わっていきました。それよりも仲間と会って互いの苦労を打ち明けることで、日頃の孤独感が軽減され、元気が湧いてきました。」

「論文の指導では、日程を予め決めて下さったので大変助かりました。私の場合、通常のレポートを提出してから実験に取りかかりました。これが大変でした。実験の内、いくつかのプロセスを外注していたのですが、外注先は同時に他の大学・大学院の研究も担当していたので、スケジュール調整が後手に回ってしまいました。貴重な秋の三週間が普通に過ぎていき結構焦りましたが、宮本先生に事情を説明し、再度二ヶ月先までの実験計画を練り直しました。また先生には実験場所まで来て頂いたことを記憶しています。ともあれ十一月上旬にはデータ解析を終了し、本文執筆に取りかかることができました。この頃になると、職場への休暇申請も難なくできるようになり、職場の方々にも感謝しています。」

(3) 修士論文の審査

完成した修士論文を一月の中旬に提出すると、いよいよ論文の審査である。指導教員を主査とし、副査の教員が二名加わり、三名で学位論文の審査を行う。指導教員は論文のでき映えを審査前から知っているので、厳しい質問をするのは副査の担当である。どちらかと言えば、指導教員は助け舟を出すのが一般的であろう。審査時間は三十分、そのうち十分間で研究の内容を説明し、その後質問を受ける。大切なことは、その研究に関しては著者が一番良く知っているはずなので、自信をもって話すことである。指導教員はその分野を専門とするが、副査としては全く同じ分野の専門家が揃うことは少ないので、副査はどうしても論文の構成や、統計などの検証方法を質問することが多い。審査後は各教員が採点をし、最終的に分科委員会で承認されれば、めでたく修士が誕生する。

体験談

「私のときは厳しいと評判の先生が副査を担当されました。自分の審査を待つ間、次々と審査を終えたゼミ生が、ぐったりした顔で帰ってきたのを覚えています。私も覚悟して臨みましたが、論文の内容とはあまり関係ない世間話で終わり、肩透かしを食らった気がしました。確かなことは、主査の指導教員が、神様のように見守っていてくれたことです。」

「論文の審査が行われる二か月前に、地元の大学院の博士後期課程を受験したのですが、その際に修士課程の研究内容に関して大変鋭い質問を受けました。このため、論文の審査でもきっと厳しい質問を受けるだろうと覚悟していました。案の定、痛いところをつかれてしまい汗が出ましたが、あらかじめ回答を準備していたのと、何より主査の先生がフォローしてくださったので助かりました。」

「審査当日、学生控え室に入るとクラスメートが泣いていました。話を聞くと、審査でかなり厳しいことを言われたそうです。その学生は物事を先々とこなす人でしたので、審査を楽観的に考えていた私は、始めてコトの重大さに気が付きました。自分の順番になり審査室へ入ると、主査と副査の教授達が、いつもと違う厳正な雰囲気で座っていました。私はこの瞬間までも「あれだけ苦労して修論を仕上げたのだから、少しは認めてくれるだろう。」とタカをくっていました。ところが教授達の考えは、そういう次元ではありませんでした。

審査では、論文を書くということはどういうことかを指導されました。つまり研究の目的と、その意義を明確に具体的に把握すること、その上で実験の結果を実証的に示すように書かなくてはならないことが重要なのです。しかし私の場合その両方がはっきりせず、さらに実験手順も無理やり条件を揃えたものでした。したがって最後まで何が言いたかったのかが不明であり、実験の信憑性も疑わしい修士論文になってしまいました。副査の先生から「こんなの論文じゃない！」と言われて、ショックを受けました。しかし、論文の最終提出までには修正期間がありましたので、なんとか手直しをして修論を完成させました。」

九　修了後の生活

（1）大学院で得たもの

修了生に、修士課程の二年間で得たものは何かと尋ねると、様々な答えが返ってくる。もちろん学位の取得は最初に来るが、それ以上に他では得られないものがいくつかあるようだ。よく耳にすることに、達成感や満足感がある。大学院で学ぶと決心してからは忙しい日々が続き、入学後の一年目はレポートの作成に追われ、二年目は修士論文を仕上げなければならない。この間に挫折しそうになるのは当然であり、睡眠時間を削り、たとえ家族からのサポートがあったとしても、決して家庭的な親ではなかったはずだ。また独身であっても、友人とは疎遠になり、冷たいと言われたこともあるだろう。しかしながら自分に課した試練を乗り越え、仕事をこなしながら大学院を修了できたという達成感には、計り知れないものがある。さらに設定した目標を自ら達成したことは、大きな自信へとつながっていく。

社会人である限り、仕事はいつも誰かに評価されている。しかしながら仕事上でそれなりの成果を上げても、自分の評価を知るケースは少なく、また褒められることはほとんどないだろう。業績は給料に反映されることもあるだろうが、良くできましたと言われることは希である。給料をもらっている以上、仕事するのは当然のことかも知れない。一方、大学院では立派

平成17 年度日本大学大学院総合社会情報研究科
学位記伝達式

平成18年度日本大学
総合社会情報研究科
平成18年度日本大学大学院

学位授与式

なレポートを書き上げれば褒めてもらえるし、素晴らしい修士論文を書けば高い評価がついてくる。それも努力すればするほど評価は高くなる。

次にあげるのは、全く新しい人間関係だろう。働く環境や専門分野が異なり、さらに年齢が違う仲間が一つのクラスを形成し、一緒に過ごしたのは僅か二年間であっても、同じ釜の飯を食った仲間の結束は非常に固い。実際に数えてみても、クラスとして直接会う機会は一年に数回しかなく、それもたった二年の間である。なぜそれほど親しい関係が短期間に形成できるかを推測してみると、仲間はみな大人であり、お互いの利害関係もなく、ただ一緒に難題を克服したという連帯感によるのだろう。かなり古くはなるが、同期の桜といったイメージである。

さらに学力の点でも、二年間にレポートを二十四本以上書き、修士論文を書き上げた執筆能力の進歩には目を見張るものがある。それも一つの領域だけではなく、複数の分野においてレポートをこなしている。また教員により指導方法は異なるので、教員それぞれが満足するような文章を書くことも、決して容易なことではない。社会人として報告書は書き慣れていても、修士論文という学術論文を書くことは全く違う世界である。

体験談

「毎年五月になると、ゼミのメーリングリストには、新入生による自己紹介の書き込みが載ります。もちろん先生からは前もって、こんな方が今年入学してきますと紹介がありました。書き込みからはこんな人だと想像できますが、実際に会ってみると、自分のイメージと違うことがよくあります。新入生に柔道整復師で有段者がいると聞き、当然ごつい男性を想像しました。ところが何と小柄な女性だったので驚きました。外国のペンフレンドと文通していて、いつかは会いたいと思うようになるのも、同じようなことかも知れませんね。」

「通信制で学ぶ場合は、修了してしまうと、仲間と会う機会はほとんどありません。しかしゼミのメーリングリストでは、会ったことがない仲間ともいつもつながっていますので、相手をイメージしながら文章を書くのも楽しみです。」

「最近、同じ苗字のゼミ仲間が増えましたので、ネット上で義理の兄弟姉妹が誕生しました。このため自分の名前の後に@マークを付け、住んでいる場所やクラスの名前を付けたりして、メールではそれぞれ勝手に名乗っています。」

「これまでになかった人間関係を得ました。大学院に入学するまでは、学校時代の友人や職場関係での知り合いしかいませんでした。しかし、この大学院では仕事も年齢も幅広い方々が集まってきます。そして、同じ目的に向って進んでいきます。修了した時の達成感はなんとも言えないものがあります。修了してからも、ゼミの先輩から学会雑誌への特集記事の執筆依頼があったり、後輩から研究や進路についての相談を受けたりと、充実した毎日を過ごしています。また、メーリングリストでは、新入生の自己紹介、ゼミ合宿のお誘い、相談事など実際に同じ教室にいるかのような話題が飛び交っています。また、在学中にＮＡＳＡへ研修旅行に連れて行っていただき、宇宙飛行士選抜試験を受験するほど、宇宙好きになりました（残念ながら宇宙飛行士にはなれませんでしたが……）。今でも自分の居場所はこの「ゼミ」だと思っています。私に大きなターニングポイントをくれた宮本先生とゼミの皆さまに感謝しております。これからもちょくちょく顔を出しますので、よろしくお願いいたします。」

「同級生の大半が博士課程に進学した声を聞きながら、自分はまだ決めていない。卒業祝いの席で、「今日の修士まで四十年掛っている。次は後四十年先」と答えたのが真になるらしい。それまで気力・体力を保ちたいものである。郷里の某信用金庫の理事長が八十歳半ばで、テーマを持って大学院に通うこととしたニュースが流れている。それはとも角、自分は現状「在宅勤務者」であることには間違いない。仕事が流れてきた時に限るが、年度末などには特に各方面からの依頼が殺到し錯綜する。不規則な勤務の間に自己の考えを纏めたいと思っている。この間、「自分史」を二十年毎に区切って見ると、自分自身の新しい進化の跡が見えるような気がしている。三年ごとに自分は変わるものと思っていたが、実は二十年を括って成長していっているらしい。修士課程も大きく飲み込んで自分の頭脳や筋肉になって行くのだろう。」

(2) 博士課程への進学

大学院の修士課程を修了すると、次の目標となる博士後期課程(博士課程)が目の前に見えてくる。本大学院に入学する際には、最初から博士課程を最終目標と定めている学生もいる。将来研究を続けるために、また博士の学位を取得するためにも、修士課程は一つのステップといえる。通信制大学院の修士課程に続いて、通信制の博士課程は平成十五年に認可され、現在九校が博士課程を開設しているがまだ数は少なく、その分野も限られている。

通信制の博士課程に進学するには、それなりの準備が必要である。博士課程の目指す先は研究者の育成である。各大学院では博士の学位を授与する条件を定めており、一般的には博士論文以外に、在学中の業績として数本の原著論文または著作を要求している。この原著論文に関しては、掲載される雑誌によって評価が大きく異なるので注意が必要である。本大学院を例に挙げると、日本学術会議協力学術研究団体や同等の学会が発行する機関誌に、原著論文として二本以上掲載されることを要件としている。また大学院の紀要に掲載された原著論文も業績として認めている。この場合、三年間に五本の原著論文が掲載されることを要件としているので容易ではない。この博士課程の修了条件については、大学院により異なるのでよく調べておく必要がある。

一方、筆者のゼミを修了し、博士課程へ進学したほとんどの学生は、通信制よりも通学制の大学院を選択している。もちろん大学院へ定期的に通うことになるが、博士課程は講義を受けるよりも研究活動が主体となるので、時間的にはかなり融通が利く場合が多い。最近は通学制の大学院でも社会人枠を設定し、通学に配慮したカリキュラムを組んでいる場合が多い。大学院は通学制の学部教育とは異なるので、大学院に毎日通学するイメージを持つ必要はない。

通学制の大学院を選ぶには、自分が研究したいテーマを指導できる教員探しから始まる。一般的に学位を取得して博士となれば、その分野の専門家として扱われる。ということは、指導教員を選ぶ条件として、その分野において研究実績があり、自分の研究を指導できる教員を探す必要がある。指導教員を探すには、修士課程と同様にインターネット上のウェッブサイトが役に立つ。最近は研究者の経歴、研究業績や指導実績が公開されているので、これらを参考にするとよいだろう。

次のステップは、教員とのコンタクトを試みることである。博士課程では修士課程以上に学生と教員の関係が重要となるので、電子メールや電話で面会の約束をとり、直接教員と話をするのが普通である。もちろん入学試験に合格する必要はあるが、受け入れる教員から受験の了解を得られれば、入学できる可能性は高くなる。その際に役に立つのは修士論文である。これまでの研究実績を示す好材料になるし、また論文を書く能力を示すことができる。受け入れ先の教員は、修士課程の指導教員が誰であるか、学生がどのような修士論文を書いたかによって学生を評価する。このため修士論文は単に学位を取るための学内の論文ではなく、対外的には学生の身分証明書にも匹敵する。

そして教員との面談の際には、通学する頻度をよく確認することも重要である。毎週の抄読会に参加しなさい、月一回は顔を出して欲しいとか、教員によっては不定期でよい場合もある。この点では距離的に身近な大学院が良いだろう。

体験談

「大学院を修了して大きな達成感がありました。しかし実際には、修士論文では自分が明らかにしたいところまでは研究が進められなかったのも事実でした。もっと深く研究したいと思い、修士課程が修了して一年後から、博士課程への進学を視野に入れた情報収集を開始しました。修士論文を書いたことは大きな自信になりましたので、博士課程のオープンキャンパスに参加したり、指導希望の教員にも連絡をしたりと精力的に行動しました。複数の博士課程から受験許可を得ましたが、学位の授与条件や学費、通学の頻度等を考慮して、首都大学東京大学院人間健康科学研究科へ進学しました。今は修士論文を発展させた研究テーマに取り組んでおります。」

「博士後期課程に進学された先輩方を見ていて、いつか私も行ってみたいと思うようになりました。一年の冬、勇気を出して先生にどうすれば進学できるのかを聞きました。先生は大変丁寧に教えてくださり、その助言のおかげで社会人学生として、地元の大学院に合格できました。博士後期課程では、それまでの修士課程とは違う指導の仕方に、戸惑ったり苦しんだりもしましたが、最近ようやく現在の大学院のよさが見えてきました。Pub Med に掲載されている海外ジャーナルなんて違う世界の話だと思っていましたが、採択されたという連絡を受けた時、地方の小さな保健所で働く保健師でも日々の疑問を大事に持ち続けていれば、海外の人達にも読んでもらえる論文が書けることを実感しました。そして何より修士課程で学ぶ楽しさを教えていただいたからこそ、今の自分があると思っています。」

「ゼミでは先輩や同級生が次々博士課程へ進学する中、先輩からも進学先についていろいろアドバイスを受けました。また、日常の仕事と研究との乖離がある生活を緩和させるため、また安定的な研究時間と給与を確保するために、教員になることを勧められました。私はどのみち、このままでは人生がモノにならないと思いましたので、腹を決めて生活すべてを変えることにしました。そして半年後、ダメもとで当たった武道論の教授から「自分が絶対に論文を書くんだという強い意志があるなら、研究室へ通ってもよい」との返事をもらいました。ところでこの教授から最初に質問されたことは、宮本先生がどういう人物かということで、私は通信制大学院の代表のような形で、冷や汗をかきながら説明をしました。ともかく最初の半年間は研究室の居候、次の一年は科目等履修生を経て、博士課程に進学することが決まりました。今では、自分より十歳近く年下の学生と一緒に原著執筆に取り組んでいます。」

(3) 転職

修士課程を修了すると、転職する機会が訪れる。本大学院では修士課程における初の修了生が巣立ってから十二年経つので、同じ職種でも職場を変えた人や、医療従事者の中には臨床の現場から教員として学校に転職した人が増えてきている。しかしながら、日本では修士号を取得しても、その分給料がアップするわけではなく、米国のようにポジションが上がることもない。また大学などの教職に就きたいと思っても、最近では博士の学位と研究業績を求められることが多い。修士号の取得は転職するためではなく、研究者として、また教職者としての最初のステップと考えた方がよいだろう。一方、大学院で得たものはそれ以上に大きく、豊富な知識は職場で十分に活用できるし、知り合えた仲間との人間関係は、仕事を変える際にも大きな助けとなるだろう。

体験談

「今まで勤務していた職場では、働きながら大学を卒業しても、大学院で修士号を取得しても、身分や処遇に反映されることはありませんでした。また、社会人になったときから「いつかは教員になって自分の経験を教育に活かしたい」と漠然とした気持ちがありました。そんなときに、母校が短期大学から四年制大学に移行する関係で教員公募がありました。今は、大学教員として教育に研究に充実した毎日を過ごしております。これもこの大学院で、多くの方々から「やる気」と「刺激」をもらえた成果だと思います。」

「修士号を取得後に大学教員に転職しました。修士号がなければその選択肢はありませんでした。現在は大学で教育と研究および病院で臨床をし、それまでには得られなかった多くの経験ができています。」

「私は大学院を修了後、すぐには転職をしませんでした。病院勤務を替える勇気ときっかけがなかったからです。修了して数年後、ゼミ生たちの動向をふと見回したら、皆さん修士号を取得したことにより人生が好転したというのです。思えば自分だけ修了後も人生がまったく進歩していないことに気が付きました。私は変な焦りを覚え、一期生の先輩に話してみたら、その先輩は自分の仕事が終わった後にわざわざ私の職場まで来て、相談に乗って下さいました。そればかりか、私を生かしてくれる職業を一緒に探してくれた上に、履歴書の書き方や、初めての相手へのメールの書き方なども教えて下さいました。その後も紆余曲折はありましたが、後輩の方(私よりも年上ですが)の推薦で今の職場(専門学校教員)に移ることができました。今は職場の研修日を利用して、博士課程にも通っています。私にとって勉強をすることは、そのまま生きることにつながっていると思います。」

第五章　新しい通信教育

一　大学院の目的と目標

学校教育法第九十九条では、「大学院は、学術の理論及び応用を教授研究し、その深奥をきわめ、又は高度の専門性が求められる職業を担うための深い学識及び卓越した能力を培い、文化の進展に寄与することを目的とする。」とされている。これを受けて通信制大学院の目的は、「一、修士の学位を授与すること、二、社会人教育の場として、研究者の養成及び高度専門的能力を有する人材の育成」だと考えている。そして学習の目標としては、「一、レポートの作成により専門知識を修得し、研究の思考過程を学ぶこと、二、レポートの添削を通して、文章表現能力を向上すること、三、コミュニケーション技術を獲得し、教員との信頼を高めること、

四、修士論文を作成し、研究者としての基礎学力をつけること」がある。

二　教育の意義

教育を知の階層と捉えれば、ナレッジ・ピラミッドにある四階層（図2）の中の知識を伝達し、さらに知恵をどこまで伝達できるかが教育の鍵となる。ナレッジ・ピラミッドの最下層はデータであり、単なる数値の羅列で意味を持たない。しかしながら、これらの数値に意味づけをすると、情報として理解されて利用可能となる。さらにこれらの情報が整理・統合され、客観的な要素が加わると知識として記憶され、判断や評価に利用できるようになる[1]。最上層の知恵は、知識に技術的な裏付けが加わり、さらに自ら経験することによって、次に述べる暗黙知のように、適切に処理する能力を持つことである。

四つの知識変換モード（SECIモデル、図3）を教育に当てはめると、形式知だけではなく、暗黙知を教えることが重要となる。このためには、教員と学生が同じような価値観を持つ必要があり、価値観を共有するためには、教員と学生間の強い信頼関係が不可欠である。

図3の野中らは、四つの知識変換モデルを提示し、形式知と暗黙知の関係を説明している[2]。形式知とは文字などの情報として伝達可能な知識をいい、暗黙知はノウハウのように表出化さ

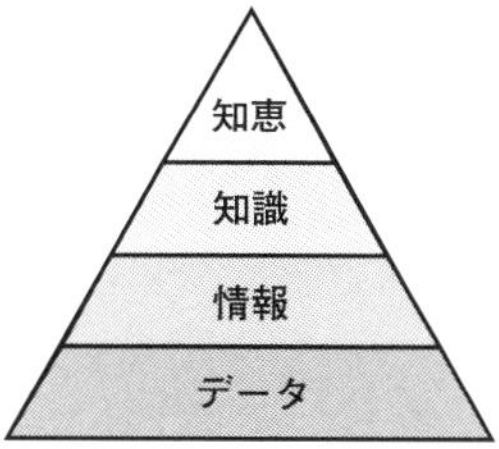

図２　ナレッジ・ピラミッド

出典）高梨智弘編著、『よくわかるナレッジマネジメント』、日本実業出版社、2000 年

図３　４つの知識変換モード、SECI モデル

出典）野中郁次郎、竹内弘高著、梅本勝博訳『知識創造企業』、東洋経済新報社、1996 年

れていない知恵を指す。すなわち教育では、教材に書かれている知識を教えるのではなく、その知識が生まれた背景や評価、そして信頼性等についても解説する必要がある。なぜならば、教材は一般的に定着した学説を述べており、それが事実とは限らないからである。自然科学を例に挙げれば、物理や化学では絶対という理論は存在せず、科学は常に

進歩し、新しい発見や学説が次々と生まれている。

三　教育とは教え育てること

最初に、教育とは何をするべきなのか、また、学習との相違について考えてみる。教育という場合、教える者(教員)と教えを受ける者(学生)が必ず存在し、お互いの相互作用によって教育は成立する。このような人間関係は、従来の通信教育の現場では見えにくく、理由は学生数が多いマスプロ教育であり、教員と学生間の距離は、空間的にも時間的にも遠い彼方にあった。このような希薄な人間関係では、単なる知識の伝達は可能だろうが、教室型の教育で行われる、クラス内の討論や教員の雑談などは存在しない。また学習の場合には、自己学習や個別学習のように、教える側が存在しなくても成立する可能性がある。

次に、教員の役割について考えてみると、教育とは学生に意欲を持たせることが最大の役割ではないだろうか。教える者と学ぶ者の人間関係は、教育にとって最も重要な要素であり、教員を尊敬する信頼関係が無ければ、教員から学ぶ意義は半減するだろう。また、学生の信頼を得るためには教員の人間性も求められ、教員の魅力や教員の様になりたいと思う同一視も、学習意欲を高める動機付けになる。さらに、学生と教員間のコミュニケーションの深さも重要である。コミュニケーションに必要なものは、論理性、感情、人格自己表現だといわれるが、教育現場では、良く知れば良い人だったでは遅すぎる。社会人の学生は、動機付けが十分されていない学部学生とは異なり、自己は確立していて、勉強する方法も知っている。必要なのは、少しの支援だけだろう。

教育とは知識や知恵を教授すると同時に、その人の個性を伸ばし、育てることである。育てるという意味は、教員自身の領域における専門家や、教員の後継者を育成することではなく、教育目標を達成するために、学生を支援することである。決して教員自身のコピーを、作ろうとしてはいけない。なぜならば、人それぞれに目指す方向は様々であり、環境や状況も違い、さらにその人の得意とする分野も異なるからである。教員がもし自分のコピーを作ったとしても、コピーは教員を越えることはできず、逆にその人の個性を消してしまうことになる。教員の役割は、学生に勉強や研究の方向性を示すことであり、学生は自ら体験することによって、自信を持つようになる。この自信を学生に持たすことが非常に重要であり、自信は新しい課題に挑戦する勇気と情熱を生み、さらに意欲を高めることができる。

四　従来の通信教育―学部と大学院の相違

通信教育を論ずる場合、学部教育と大学院教育を分けて考える必要がある。通信制の学部教育は六十年以上の歴史があり、いわゆる通信教育としての地位を確立している。当初は、大学へ通学する機会に恵まれなかった成人を対象として、また、経済的な理由で大学に進学できなかった人々に、学ぶ機会を広く提供してきた。しかし、入学定員は千名というように学生数が多く、いわゆる通学制の大学で一時問題となった、マスプロ教育に近いものである。誰もが入れる無試験の大学が大半であり、また、授業料も通学制に比べてかなり安くなっている。従って、入学時の勉学意欲や緊張感が高くても徐々に気力は減退し、やがて脱落してゆく者が多かった。仮に緊張感を高く維持できても、仕事や家庭の事情から四年間で卒業するのは難しく、卒業率が低い原因でもある。従来の通信教育は自己学習が主体であり、通信教育と言うより、通信学習と言った方が良いだろう。

さらに、情報通信メディアを利用しない従来の通信教育では、教育手段の主役は郵送によるレポートの添削指導だけだった。このため教員の対応は鈍く、遅ければ一ヶ月も掛かって添削されたレポートを、受け取ることもあったようだ。また、学生はレポートを添削する教員が誰なのかを知るのは難しく、教員も学生の社会的な背景などを、知るよしもなかった。すなわ

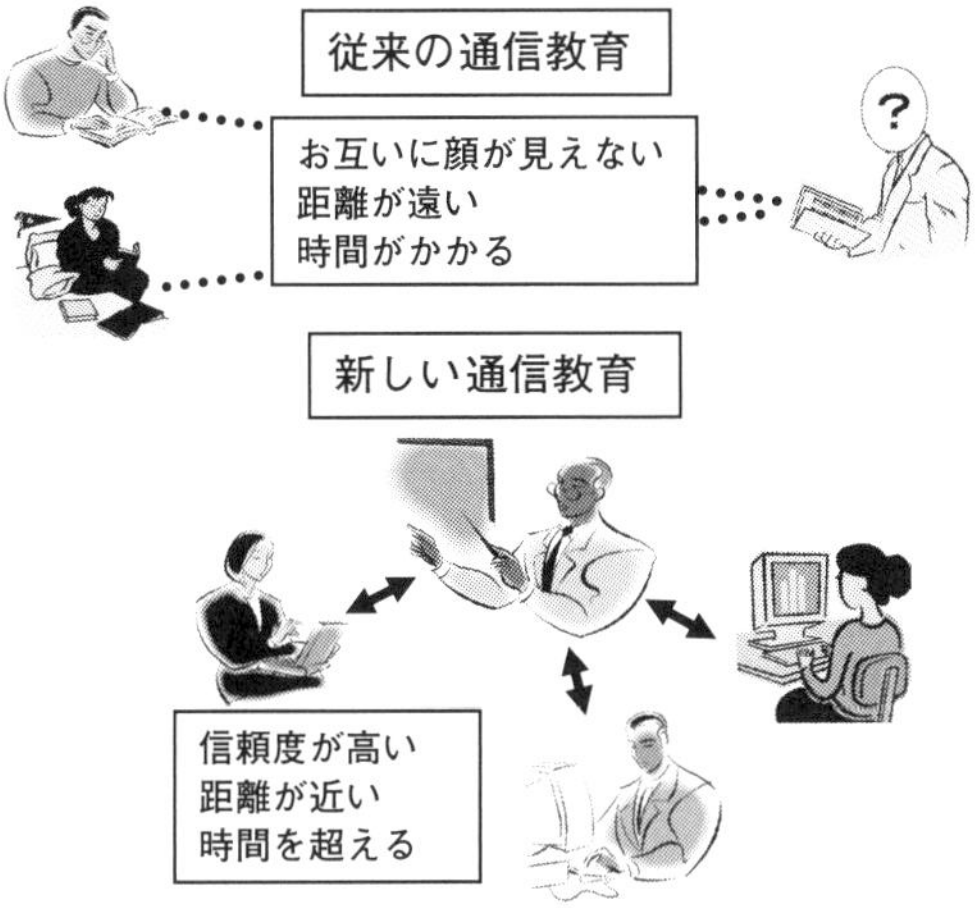

図４　通信教育の新旧比較

ち、学生と教員は対面する機会が少ないために、コミュニケーションを取りにくく、学生と教員間の距離が遠くて、お互いに顔の見えない教育システムであった。その上、クラス内でも連絡手段が乏しいため同級生間のつながりも薄く、孤独との戦いもあり、勉強のペースを自分で工夫せざるを得ないので、ペースを確立するのにかなりの時間を要した（図４）。

一方、通信制大学院は、平成十一年に四校が開講してから年々増加傾向にあるが歴史はまだ浅く、放送大学を含めて現在二十六校が開講しているだけである。入学時の定員も、放送大学の定員五百人を除けば各大学院は百人以下であり、数千人という通信制の学部に比べれば少人数である。大学院の教育は少人数制による研究指導が要なため、一人の教員が指導できる院生の数は限られてくる。これらの要素から、通信制大学院と従来の学部通信教育を較べてみれば、教育の内容、指導方法などにおいて根本的な相違がある。

五　通信制と通学制との相違

最近、通学制教育と通信制教育の境界が消失しつつある。規制緩和の一環として制度が変わり、情報通信メディアの活用により、通学制であってもほとんど通学しないケースが存在する。従来の通学制では、学生は大学や大学院のキャンパスに出かけて行き、教室で授業を受け、また、実習、実技指導などを受けた後に試験で評価され、単位を取得して卒業してきた。教育手段から考えると、教室における講義形態を最良の方法としても、誰も異論は無いだろう。お互いに顔を見ながら行う講義や議論は、物事の理解を深めると同時に臨機応変に話題を変えることができ、単に知識を吸収するだけではなく、知恵や判断力なども伝達可能である。しかしながらマスプロ教育には欠点があり、理解できるレベルが様々な学生への対応は難しい。

これに対して、通信教育は個別対応になるので、学生と教員の距離は近いとも考えられるが、実際には相手が見えにくく、学生数も多いのでマスプロ教育と言えるだろう。そして人間関係は乏しく、コミュニケーションは少ないのが現状である。すなわち個人的な学習としては十分に機能を果たしうるが、それ以上の人間関係の構築は難しく、教室型の教育とはコミュニケーションの度合いに、大きな違いがある。通信教育形態に適している分野には、実験などの実習を必要としない科目や、論理的に解が一つしかないような、知識や情報の習得がある。回答が複数存在する分野は、個人の学習だけでは成果があがらず、教員を含めた同級生などのディスカッションを通じて、判断力や応用力を学ぶことが必要である。また、通信教育では、指導機会が限られるのでよい教材が求められ、教材作りが通信教育のキーとされている。さらに、授業料が安いのも特徴であり、大学側は高い授業料を取っていないので、脱落者に対して責任感がそれほど高くない状況もある。

　教員の役割と負担について述べると、これまでの通信教育では、教員は通学制の教育と通信制の教育を兼務しており、片手間に学生の面倒を見ると言うのが一般的であった。通信制の専任教員をおいている大学は少なく、時間的にも十分な指導は難しい。これが新規に通信制の大学院設置申請をする際に、教員の負担増に関する配慮が要求される理由である。

六　社会人教育

同じ大学院教育であっても、対象が社会人である場合、学部を卒業した直後に入学してくる大学院生とは、教育方法が全く異なると考えている。後者は実社会での生活経験がなく、また専門知識を学んでいても、実践的な能力に欠けている。これに対して社会人学生は、職場で備わった実践的な能力(知識、技術、経験)があり、ある領域では、知識のレベルよりも知恵の段階まで到達している。このように実力があり、プロとして働いている社会人に対して、教員が接する態度は非常に重要となる。もし彼らが学問的には未熟であっても、「教えてやる」というような態度は反感を招くだけである。彼らは既にその分野における専門家であり、教員はある分野での専門家にすぎない。教員は、論文の書き方やまとめ方に関して大学院生よりも知識は豊富だが、社会人学生は、教員が専門とする分野以外において、豊富な知識と実力を備えている。このことを教員は十分に自覚する必要があり、お互いを尊重する謙虚な態度が求められる。学生と教員間の信頼関係が構築されなければ、知識や知恵の伝達は難しく、教育は成立しない。

経済的に厳しい状況下で高い授業料を払い、残業などで帰宅は遅れ、家庭サービスも犠牲にしながら睡眠時間を減らし、週末と休暇にレポートや修論を書き上げる院生のエネルギーは、どこから生じるのだろうか。入学の動機として前に述べたが、資格の取得、博士課程進学への準備、仕事のステップアップなどと説明は簡単だが、それ以上の何かがないと、二年間という短期間で目的を達成するのは難しい。教養ある人間は、知識欲と向上心をくすぐられ、学ぶ楽しみを一度味わってしまうと、現状に留まることができないともいう。修了生の話では、大学院修了後にはポッカリ穴が空いたように感じ、次に何に挑戦するかを、常に考えているという。大学院修了後の自己達成感は直ちに自信となり、博士課程への挑戦や、新たな分野への勉学意欲も湧いて来るという。では、何が彼らをそうさせているのだろうか。

教育と学習の項で述べたが、自己学習は厳しいものである。勉強するという目的と目標を定めて毎日努力するが、仕事や家庭に追われ、次に時間が取れたときにやる事にしようでは、いつまで経っても進展はしない。たとえ大学院に入学しても、勉学意欲を常に持ち続けて高い緊張感を持続するには、よほど自己規制が強くないと、二年間はあっという間に過ぎて行く。さらに短期間で大学院を修了するためには、これまでの生活パターンを完全に変える必要があり、友人との交際範囲を狭め、家族と過ごす時間を減らし、最終的には睡眠時間を削らなければならない。自己のスケジュール管理に失敗すれば、すぐに脱落してしまう。このような学生の立場を良く理解し、通信制の特徴を生かすには、学生の拘束時間をできるだけ少なくする必要がある。

本大学院の院生を観察すると、高い授業料を払うことで自らを縛り、時間的な束縛を自ら買っているような気がする。期限が無い原稿を後回しにするように、制約が無いといつまでも達成できない。大学院ではレポートの締め切り日があり、レポートの草稿を出せば添削されてコメントが直ちに返ってくる。また、院生と教員間のコミュニケーションが良ければ、教員に誉めて貰いたいと願うのは当然である。さらに同級生との仲が良ければ、誰かが既にレポートを出したとか、良い意味でのライバル意識も芽生えてくる。このように、教育の場で良い人間関係が成立し、コミュニケーションが良く取れていれば、通信教育でも通学制に負けない教育は可能であり、脱落者を最小限にすることが可能となる。

七　情報通信技術の選択

新しい通信教育とは、情報通信技術を活用し、場所と時間の制約を超えて、教育と学習をする教育形態である。さらに、筆者が委員を務めた、大学基準協会・大学通信教育基準検討委員会で作成した「大学通信教育基準」に示すように、新しい通信教育とは教員と学生間で、お互いに「顔が見える」教育の実現である。ここでいう「顔が見える」とは、通信中にリアルタイムで相手の顔が表示されるような、情報通信技術の利用を限定的に指すのでない。「顔が見える教育」

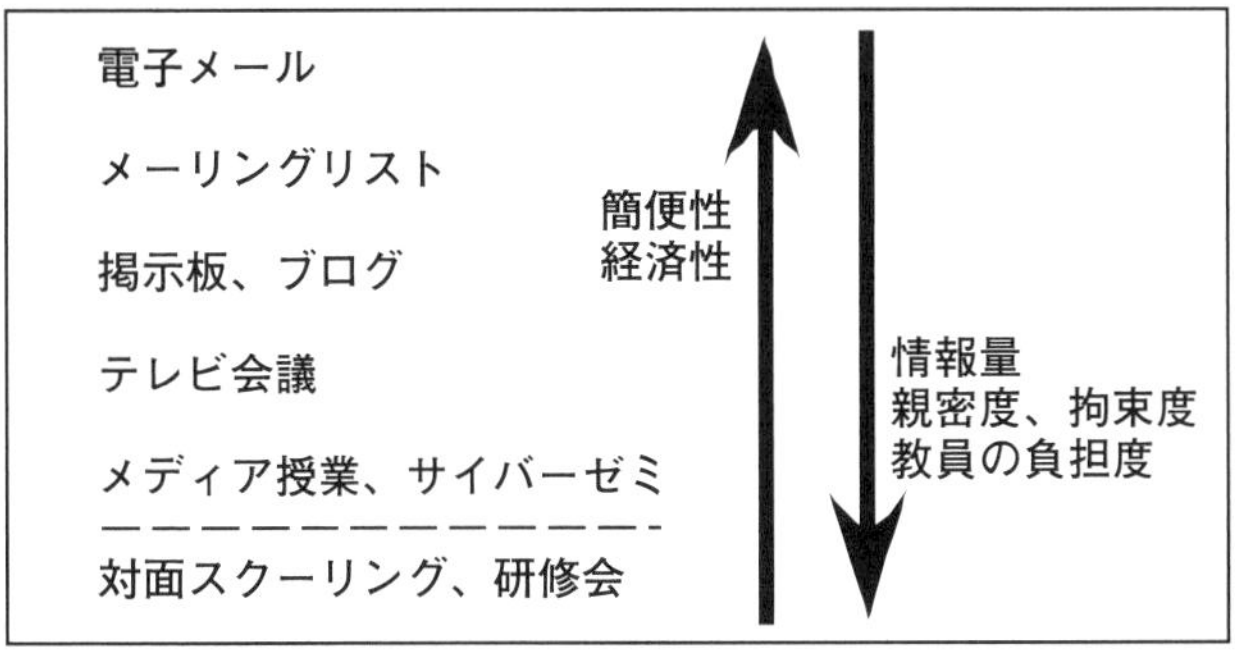

図５　通信教育の情報媒体

とは、教員と学生の間の緊密な相互交流を前提とした教育を、比喩的に表現したものである[3]。

通信教育に利用される情報媒体には、電子メール、メーリングリスト、掲示板、ブログ、テレビ会議、メディア授業、サイバーゼミ等があり、さらに通学制と同様に直接顔を会わせる対面スクーリングや、研修会が実施されている(図5)。しかしながら、これらの情報メディアにはそれぞれ特徴があるので、目的により適切な情報メディアを選択し、どのように活用するかが重要な鍵となる。

通信教育の情報媒体を簡便性と経済性からみれば、電子メール、メーリングリスト、掲示板、ブログ、テレビ会議、メディア授業、サイバーゼミの順になる。一方、教育に関する情報量、教員と学生間の親密度・拘束度、および教員の負担からみると、全く逆の順序となる。すなわち、メディア授業やサイバーゼミの場合には、電子メールに較べてやりとりする情報量が多くなり、教員と学生間の親密度および拘束度は高くなると考えられるが、逆に教員の負担は増加するだろう。このため教員は、これらメディアを選択することになるが、どれが適切な方法かは状況によって異なり、学生の準備性と教員の能力および技量にも関係してくる。また、通信教育でも対象となる学生数が多くなると、通学制のようなマスプロ教育になってしまう。これを打破するには対象となる学生達を小さく組分けし、情報通信技術を活用して、顔の見える通信教育とすべきである。

八　学生の主体性

大学院は学生が自ら学び研究をする場であり、教員が主として知識を教授する学部教育とは、根本的に異なるだろう。つまり教員は、学生を育てなければならず、学生が自ら学習し研究する能力の育成を目指すべきである。また、修士課程は専門知識を修得する場でもあるが、博士課程では学生が将来その分野の専門家として社会で活躍できるように、研究者として自立するための能力を育成する必要がある。言い換えると、大学院では教育と学習の主体は学生にある(図6)。学部教育では学生の人数を多くせざるを得ないが、大学院教育では個別指導が主

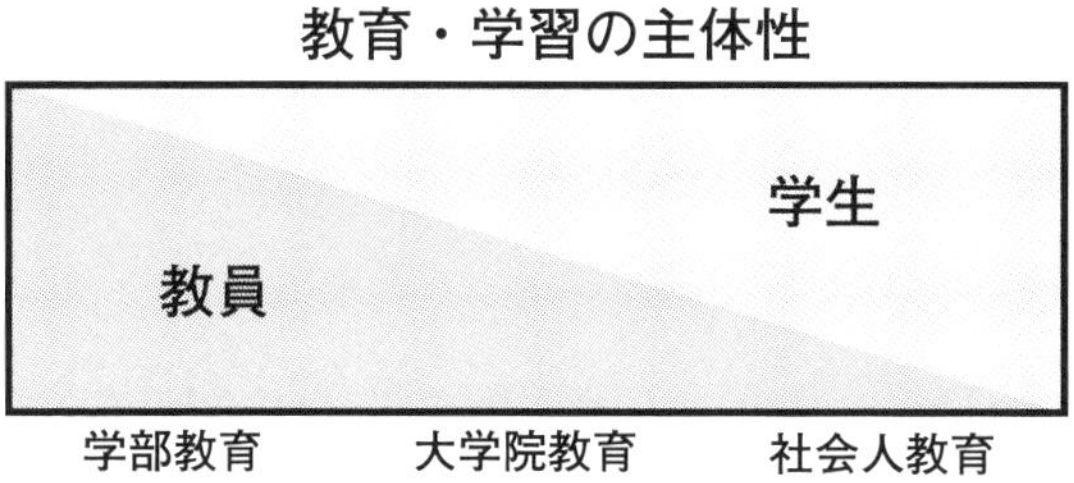

図６　教育・学習の主体性

となるために、教員一人あたりの学生数を十人以下に絞るべきである。

九　教員の役割と資質

大学教員の役割は、教育、研究、そして社会貢献であり、優先順位はこの順序である。すなわち大学教員の第一の役割は学生を育てることにあり、教員を評価する際には、教育業績として、どのような学生を育てたかを重要視すべきだろう。しかしながら、教育効果を判定するには十年単位の期間を必要とし、また評価基準の設定が難しいために、長期的な視点に立つ評価が必要となる。

次の研究業績については、学生や社会が教員を評価するための客観的な指標となるので、教員は常に研究を続ける必要がある。時期的な側面から考えると、若い時期には研究に邁進して業績を稼ぎ、ある時期に到達したならば、教育能力を身に付けてから、教員本来の目的である人の育成に関わるのが順序だろう。この時期がいつなのかを定めるのは難しいが、研究者としてある程度の業績をあげ、その分野で専門家として認められた頃と考える。たとえば学位取得時、学会で評議員になる時期、講師や准教授になる時期などであろう。しかし教員には、教育に携わるといえども研究を続けることは必須であり、常に新たな研究テーマを設定し、学問を追求する姿勢が求められる。

社会貢献に関しては、教育・研究そのものが社会貢献であり、学会活動、対外的な共同研究、講演会や本の執筆によっても達成できる。

学生が教員を信頼し、教員が学生を信頼するような良い人間関係を築くためには、両者の相互理解に加えて、お互いを尊重する態度が重要となる。また教員が学生からの信頼を得るためには、教員に高い資質と能力が要求され、お互いの信頼感があれば、学生は教員からの知識を信頼して受け入れるようになる。学生は、教員の教育業績、研究業績、指導実績、人間性などを見て教員を判断・評価し、信頼を深める。単に教材の内容を解説するだけの教育ではなく、学生にとってなるほどと言わせるような、指導力が必要である。また教員は学生の能力を伸ばすために、学生の優れた点を素直に評価すべきであり、教員も学生から学ぶことが多いので、謙虚な態度で接すべきだろう。

十 教員とリーダーシップ

Hersey[4]らのリーダーシップ論によれば、リーダーシップには四つのタイプがあり、優れたリーダーはこれら全ての役割を、組織、同僚、状況、そして相手の準備性によって使い分ける事が求められる。この準備性は、能力とやる気の二つに分けられ、能力には知識、技術、経験が含まれ、言い換えると適正になる。一方、やる気には動機付け、柔軟性、熱意が含まれ、自信に繋がる。これを通信教育に当てはめてみると表1になる。

表１ 教育とリーダーシップ

タイプ	リーダーシップ	通信教育
1	Directing 監督、指示、命令	Teach 知識・情報の教授
2	Coaching 指導	Correction, Test, Drill 添削、試験、演習
3	Assisting 援助、支援	Review, Inspire 批評、激励、鼓舞
4	Delegating 委任、委譲	Learn, Creation 自学自習、創造

すなわち、通信教育においては個々の学生の能力とやる気により、教育方法を変える必要がある。しかし最終的には大学院教育は学生が主体となるので、タイプ4を目指すことになる。

教員の立場は、学生よりも決して高いわけではない。教員は、ある分野において専門的な知識を有し、ある面では優れているかもしれないが、人間として学生よりも、人格的に優れているわけでは全くない。この点を誤解している教員が多いのは、嘆かわしいことであり、社会人教育においては、学生は教員の教師でもある。社会人学生は彼らの分野において、専門的な知識を持つプロである。プロとしての実績を認めず、教員が偉いと考えるのは間違いであり、これでは学生からの信頼は得られない。常に対等の立場で、学生と接することが大切である。社会人教育は、お互いの立場を尊重し、教員が得意とする論文の書き方や、研究方法を指導する場であろう。

十一　まとめ

日本における社会人教育の需要は、これからますます増大すると考えられ、通信教育の果たす役割は大きい。新しい通信制大学院を立ち上げ、その教育手段や情報通信メディアの活用を考えたとき、通学制におけるマスプロ教育の問題も浮き彫りになってきた。将来的にも、大学のキャンパスは消滅しないだろうし、キャンパスにおける教育の意義は大きい。なぜならば、Face to Face のコミュニケーションは教育の基本原則であり、On the Job Training などを、通信制で実施するのは難しい。一方で、情報通信メディアを活用した通信制の社会人教育は、空間や時間の制約を超えることが可能であり、学生と教員間の距離を縮める努力さえすれば、学習から教育に近づけることができる。最近の技術革新により、情報通信メディアの選択肢は多くなってきたが、通信教育には高価なシステム導入の必要はなく、電子メールやメーリングリストの利用だけでも、満足できる教育を達成できると考えている。

　情報通信メディアを活用する事により、通学制の教室型教育にどこまで近づけるかが、我々のこれからの挑戦である。

注

1 高梨智弘著、『わかる!「図解」ナレッジマネジメント』、ダイアモンド社、二〇〇〇年

2 野中郁次郎+竹内弘高著、梅本勝博訳、『知識創造企業』、東洋経済新報社、一九九六年

3 『大学通信教育基準』、財団法人大学基準協会、大学基準協会資料第六三号、二〇〇六年

4 Paul Hersey, Kenneth H. Blanchard and Dewey E. Johnson : Management of Organizational Behavior, Leading Human Resources, 9th Edition, Pearson Prentice Hall, New Jersey, 2008.

付録1　大学院のメリット

最後にゼミの修了生が綴った、大学院のメリットを紹介する。大学院で学んだことは彼らの生き方を変え、修了生は新たな目標に向かって、さらに挑戦を続けている。

一　人生の転機（一期生、大学教員）

平成十一年の一月、夕刊を見ていた私は、「よし、これだ。」と大声をあげた。夕食の用意をしていた妻は、「なーに、大きな声を出して。」と言ったそうだが、私は聞いていなかった。そして再び、「よし、これだ。」と叫んだ。

当時私は、大学病院のリハビリテーション科に勤務する、三十六歳の義肢装具士であった。病院では歩行障害の患者さんに毎日接しながら、忙しくても充実した日々を過ごしていた。しかしながら、何かもの足らない気分が続いており、いつかはもっと勉強をしてみたいと、常々考えていた。

私が見たその新聞には、平成十一年度から開講する、通信制大学院の広告が載っていたのだ。私は、高校卒業後しばらく会社勤めをしていたが、その後国立のリハビリテーション学院を卒業して、義肢装具士の国家資格を取得している。資格取得後は病院勤務を続けながら、通信制の放送大学を卒業し、次の進路として大学院を目指していた。しかし、従来の通学制の大学院では、仕事と勉強を両立させるのが不可能なので、通信制大学院の開講を心待ちにしていたところ、ついにその記事を見つけたのだ。

翌日、私は勤務先の元上司であった先生に電話をかけ、「来年開講する日大の大学院を受験したいのですが、これからどうすれば良いのか教えてください。」と尋ねた。先生の返事は、「大学院を受けるのなら、どの指導教員の下で研究するのかを最初に決めなさい。教員が決まれば私から話をしましょう。」であった。大学院の専攻を選ぶにあたり、最初に、自分の仕事に関連する分野を探してみた。しかし、開講予定の四つの大学院には理系の分野は見あたらず、一つだけ日大の人間科学専攻に、人間工学と宇宙人間科学という科目を見つけた。指導教員は医師であり、私のような医療に従事する者にとっては、割と身近な感じを受けたのを覚えている。とは言っても、指導教員が決める研究テーマが、はたして自分に合うかどうかの不安を感じていた。数日後には先生から電話があり、「宮本先生に君を紹介しておいたから、後は自分で電話をかけなさい。」と指示された。「しょうがない、では電話をかけてみるか。」と自分に言い聞かせ、宮本先生に電話をかけてみた。

「始めまして、阿部と申します。大学院を受験したいのですが、先生にご指導をお願いできますか。」「先生から、お話を伺っていますよ。よろしくお願いします。ところで、阿部さんはどんな研究をしたいのか、教えてください。私がお手伝いできる分野でないと、困るので。」「エッ、研究テーマは、先生が決められるのではないですか。」私には予想外の質問だったので、一瞬返事に詰まった。「先生の研究室にはいくつか研究テーマがあり、大学院生はそれを選ぶのではないのですか。」「私が希望を言っても良いのですか。」「どんな研究をするのかは、阿部さんの自由です。やりたいことを言ってください。」「ところで、もう一つ質問があります。阿部さんは電子メールを使えますか。この大学院では、これまでの通信制と違う新しい大学院なので、郵送の代わりに電子メールを使おうと思っています。」「えー、大丈夫だと思います。」と私は答えた。

これが足かけ十年以上にもなる、私と宮本先生との最初の出会いであった。それから私は、日大総合社会情報研究科の一期生として修士課程を修了し、続いて博士課程も一期生として修了して、博士号(人間科学)を取得している。その後一時企業に勤めたが、ゼミ仲間の紹介により医療系の大学に転職し、現在大学教授として後輩の指導をしている。平成十一年の新聞広告は私の人生を大きく変えたことになり、チャンスを掴み、新たな挑戦には勇気を必要としたが、この社会人のための大学院は、いつかは教職に就きたいという私の夢を、叶えてくれた。

二　アポロナイン(一期生、大学教員)

小生の人生は、常に行き当りバッタリの人生であった。大学を出てからは、ごく普通のサラリーマン生活を送っていたが、とある切っ掛けで会社を経営することになり、約十六年間経営に携わった。その後、大学に奉職することになったが、周りの教員は、ほとんどが博士号を持つ教員であり、小生のみが大学卒であった。しばらくはこれまでの経験だけで、どうにか問題なく教職が勤まっていた。しかし、学生を相手にあまり偉そうなことも言えないし、また、自分を啓蒙するつもりで何かしたいとは思っていた。そこに、通勤する途中の電車の中吊り広告で、通信大学院が発足することを知り、挑戦してみようかと思った。

通信教育に関しては、サラリーマン時代に「金型設計技術士」の取得のために、二年間缶詰で勉強した経験があり、また、会社の経営の合間を見て「放送大学」に挑戦し、八年を要して卒業までこぎつけた経験もあった。このように通信教育に対する心構えは十分にあったので、大学院に進むことを目指して色々と調べてみたが、新設四校の大学院は全て文科系であった。しかし、その中で唯一「宮本先生」のところのみが、理科系に近い分野であることを知り、応募、受験することにした。いざ受験してみたが、第一期生であることも加わったのであろうが、その受験生の多さには、ただただ驚くのみであり、これでは到底、小生のような者は合格しそうもないと身を持って感じた。しかし、その後合格の通知が来たときは、甚だ驚きで一杯となり、小生の大学の学生に負けないように、「よしやるぞ!」という意気込みへと気持ちは変わっていった。その宮本ゼミの院生は九名であり、ここで宮本組第一期生の名称は、「アポロナイン」となった。

日大大学院の宮本ゼミは理科系とはいえ、人間科学専攻はやはり文科系に近く、「社会哲学」が必修科目であった。これに関しては、小生にとって全くチンプンカンプンで、何処から手をつけて良いのやら、暗中模索の真っ只中にあった。そこでその対策を考えようということで、夏に「研修合宿」を実施することになった。このような経緯で「軽井沢研修会」が始まり、現在に至っている。今では毎年恒例になっているが、そのスタートは、我々第一期生間のレポート対策の場であった。職業が違い、年齢にも大きな差があったが、それぞれの立場でこの大学院に関して夜遅くまで、いや明け方まで飲みながら語りあって、お互いを少しでも理解しあえる場となったことは、否めない事実である。

修了してから、再度何かに挑戦しようかと思っていたときに、同期の仲間から、進学した某大学の「博士課程」に来ないかとの誘いがあった。とても博士号など取得できるはずも無いと一度は断ったが、その縁で某大学の教授と知り合うことになり、小生も「博士課程」に入学することになった。しかし、今の職場では時間的な余裕が無く、ずるずると年数だけが過ぎてしまい、満期退学と相成った次第である。だが、その後も某大学の教授とはお付き合いすることとなり、今現在でも、某大学の教授のところに通って、共同研究をしている。このように小生でも「博士課程」に行けたことは、修士号を持っていたからできたことで、もし修士号が無ければ、今のように某大学での共同研究も無かった。いわゆる博士課程に行くには、修士課程を修了しなければ無理であり、日大大学院で、まして、「宮本ゼミ」で修士を取れたことが、人間的ステップアップのための、如何に大きな二年間であったかと感謝する次第である。

小生は、決して勉強好きな人間ではない。しかし、何かすることで、少しでも人間的にステップアップできれば良いのではないかと、常日頃、頭に置いて動いている。よって、色々なことに挑戦することで、自分自身を苦境に追い込んでしまっていることは間違いない。ただし、その苦労はただものではなく、全く馬鹿な人間だと苦慮したこともある。しかし、後で考えれば、それらの一歩が無ければ、今の小生の立場も無かったのではないかと、思い当たる節が多々ある。特に、日大大学院の「宮本ゼミ」において、職業の違い、年齢の違いなどを跳ね返せる同窓生がいることは、中学の同窓生、高校の同窓生、大学の同窓生とはまた違った意味での満足感がある。確かに、これらの同窓生も色々と多種多様の職業についているが、同年齢のものばかりであることで、思考的にはほとんど小生と変わらない。しかし、「宮本ゼミ」の仲間の思考力、行動力、それに決断力に関しては、誠に目を見張るものがあり、今の小生の原動力になっていることは、間違いない事実である。今後、このような大学院を継続することにより、益々、このような人間関係が形成されて行くことを、期待するものである。

三　教えること・学ぶこと（三期生、看護学校教員）

私は、大学院三期生として入学しました。仕事を持ちながら通信制の放送大学で学位を取得することができた経験から、修士においても通信制の大学院がないかと、探し求めていたところでした。日本大学に通信制の大学院があり、しかも人間科学修士が取得できることを知りました。通信制の学習環境を選んだのは、まず仕事を継続できることです。自己の学習意欲を高めながら、経済的な基盤を確保するには、仕事の継続は何より重要と考えます。一方、私の仕事は看護の専門教育にかかわるため、他者を教育する環境に身を置くとき、専門職となるための学習者である学生を相手に、アカデミックハラスメントになりかねない指導場面を見聞していました。そこで、教育にかかわる人間こそ学習者として自身が体験することが、いかに大切かということを考えたからです。

通信制大学院の入学当時には、学習課題にどのように取り掛かっていけばよいのか悩みました。学習課題の内容の高さに圧倒されて、自分にはできないと思ってしまい、すっかり自信喪失してしまいました。しかし、毎年六月にタイミングよく合宿ゼミが計画されていて、先輩たちが集まりいろんなアドバイスをしてくれることで、みんな頑張って修了されたことを知り、自分の頑張りにつながりました。指導教授の指導方法にも大いに学ぶことができました。提出した課題に対して、丁寧な添削がされて返されてきます。指導教授の添削内容には、いつも人格への配慮がなされていることです。このことは、いつも感銘を受けながら、学習意欲を維持することができた要因です。五十代で学生時代を過ごして、社会への価値観や、関わる人々への想いがより深くなったことは、とても幸せなことです。何より学びを求める仲間との絆は、人生の宝となっています。

四　私の挑戦（三期生、言語聴覚士）

私は、民間病院のリハビリテーション科で、言語聴覚士をしています。大学院の志望の動機は、当時、修士の学位が必要だったからでした。志望大学院を探しているときには、発展途上国の援助活動から帰国して、四年ほど経っていました。そのときは、将来的には国際協力事業団の専門家としての活動に、参加することを考えていました。国際協力活動の専門家なるには、発展途上国の医師と仕事を一緒にすることになるので、修士以上の学位が必要と言われていました。私は学費を自力で捻出するためと、言語聴覚士の仕事が楽しくなってきたときでしたので、勤務を中断して大学院に通うことは、考えられませんでした。仕事を続けながら大学院で学ぶとなると、通信制です。

当時は、熊本の田舎に住んでいたので、物理的にも通うのは無理でした。学費、仕事の継続、住まいなどから通信制大学院を選ぶことになりました。当時、まだ不慣れなインターネットを何とか駆使しながら、①職歴が海外でのボランティア歴を含んでかろうじて三年、②言語聴覚士としての経歴が二年目と浅い、③自称「専門は失語症」、④住まいは熊本という悪条件の私を、引き受けてくださる教授を探しました。二日と経たないうちに、宮本先生から「私が引き受けます」に近い内容のメールをいただきました。これで合格したと思い込みましたが、筆記試験と面接試験がありました。試験は一日ですが、熊本からバスに乗って福岡へ、飛行機に乗って東京と何しろ遠方ですので、東京に二泊しました。インターネットで安いビジネスホテルを探すのも新鮮でした。

肝心の学生生活ですが、メーリングリストで、既にゼミの皆さんがそれぞれ研究活動に入っていたことを知り、自分だけ遅れているなあと思いました。軽井沢での合宿で対面したときには、メーリングリストでやりとりをしていた人たちが、年齢も経歴も研究内容も、私にとっては「先生」と呼ぶべき人たちばかりだったので、場違いなところへ来てしまったと、改めて思いました。同時に、「このような機会は滅多に無いから、自分のレベルを受容して、先生と皆さんに質問してしまおう」という思いがムクムク沸いてきました。それまで「論文を書く人」は、卒業した養成校の教員しか見たことがありませんでした。しかも言語病理学と専門が限られている人たちです。勤務先では、言語障害者への対応に際して、理解をいただくことに難渋していました。さらに、勤務先では、個人が大学院に行くことを良しとしない風潮があり、現場では窮屈な思いをしていました。

大学院では、ゼミ生の専門の多彩さ、専門性ばかりでなく研究への立ち向かい方など、勤務先にこもっていては想像もつかない、アカデミックな集いがあります。現場とのギャップがあまりに激しく、今思い出しても夢のようでした。大げさにも、学ぶことは自由になることだと思いました。そして、とても良い仲間ができました。修了式で一緒に袴を履こうね、とメールで励ましあって、修論を書き上げました。提出した日のことはよく覚えていて、まず宮本先生に「今から郵便局に行ってきます」とメールを送ってから、近所の郵便局まで歩いていきました。良く晴れた日で、ぽかぽかしていました。帰宅してみると、宮本先生からは、「無事に帰ってきましたか？」とメールが入っていました。このように連絡はいつも密にとっていただいていました。

五　仕事・仲間・家庭のやりくり（三期生、市役所職員）

唐突ですが、どうも真剣に勉強する人は、社会一般に「ガリ勉」と悪口を言われてイジメの対象になったり、嫉妬と言うか、負の感情を抱かれる傾向が強いように思えます。その傾向は大人になってもあるように思えます。ですから、働きながらどこかの学校に行くとなると、必ずしも職場の人は好意的でなく、理解が得られる訳ではありません。無理解だけならまだしも、「学歴ばっかり高くったって、こんな仕事しかできないんじゃやねえ。」と、あからさまに嫌がらせのようなことを言ってくる人もいます。他人のことなので、ゴルフやパチンコ位にとらえて放っておいてくれればいいのですが、どうもそうはいかない事が多いようです。またそれとは別に、出世をねらって学歴アップをしたい、あるいは修士などをとって転職を考えている方は、大学院に行っていることを、職場や周囲に知られたくない場合もありますよね。以上のような状況下にはあるけれど、それでも大学院に行きたいという方には、私は通信制大学院をおすすめします。私は、職場の誰にも言わずに二年間大学院に行きました。それはやはり辛い事ですし、職場でデータなどは取れないと言う不便さはありましたけど、やってやれない事ではないです。

それから、仕事の昼休みが貴重な勉強時間だったのですが、デスクでは勉強ができないので、空いている会議室や誰も来ない屋上などで勉強していました。あの時、「蛍雪」ってこういうことなのだと思いました。教科書や参考書籍も背表紙を見られると、「それ何?」としつこく聞いてくる人もいるので、他の本のカバーをしたりしていました。今考えるとそんな余計な苦労もたくさんありました。ちょっと被害妄想入っていたかもしれませんけど。修了してからだったと思いますが、宮本先生にこの話をした時に「でもそれって、昼と夜の顔じゃないけど、格好いいよねえ。」と言うようなことを言われ、「確かに」と嬉しくなった記憶があります。キューティーハニーか、只野係長みたいな感じですかね。普段はしがないＯＬですが裏の顔は一流の研究者（言いすぎ？）みたいかな？

ちなみにうちの夫は、「その年でいまさら学校へ行ってもねえ」と言うタイプなので、協力はしてくれましたが、本当に無理解でした。まあ、私の興味ある分野と彼の興味がある分野は全く違うので、しかたないのですが。そんな彼も、私が二年間相当タイヘンだったのがわかったらしく、無事修了した時には、心底驚いたようです。周囲に「うちのカミさんは、趣味で修士とった！」って言っていました。なんて失礼な人でしょうか。また、実家の母も進学には反対でした。彼女は昔風の考え方の人なので、「仕事と家事すらまともにこなせていないのに、大学院なんて冗談じゃないわよ。」位の勢いでした。子供の頃には、あんなに勉強しろと言っていた母親なのに、おかしなものです。ですから、進学に際して家族の共感や協力を得られている方は、本当にうらやましいです。でも進学に際して、家族の協力や理解を、どうしても得られない事もあると思います。そういうケースの場合でも、通信制のほうが通学に比べて通いやすいと思います。通学時間が無いというのは、本当に大きなメリットです。あきらめないでくださいね。

しかし社会人が学生もすると言うことは、やはりものすごくたいへんです。まずはきちんとスケジュール管理をして、この二年の間にやらなくて済む事は後回しにし、友達とのつきあいや自分の趣味に割く時間も、必要最低限にする必要があります。でも、それにとって代わる、いやそれ以上に楽しい充実した二年間と、素敵な出会いが待っていますので、ご心配なく。ですが、実はそれだけでは済まないのが社会人の大学院生です。自分がどんなにきちんと予定を立てていても、周囲の状況によってはその通りにはいきません。例えば、家族が病気になったり、あるいは親が高齢で介護が必要になったり、急に誰かを引き取らなくてはいけなくなったりします。または子供が生まれた、子供の受験などなどもあります。それ以外にも、会社の人事異動でたいへんな部署に異動になった、会社が倒産した、あるいはリストラになったなどもあるでしょう。この他にも社会人にはいろんな雑用がありますから、本当に自分の思いどおりにはいきません。ですから、できる時に少しずつでも勉強を進めておく、これは本当に大切な事だと思います。それと、自分の体は本当に大切にしてください。やっぱり寄る年波には勝てませんからね。

六　職場の期待を背負って　四期生(病院管理職)

平成十四年四月より二年間、宮本教授のご指導により、日本大学大学院の通信制修士課程で勉強させていただきました。入学にあたり職場の上司と約束したことは、①業務優先、仕事には影響を与えず、あまり休みも取らないこと、②学習した成果を病院に還元することの二点でした。約二百万円の学費は、「(当時乗っていた一六〇〇CCの車を)もっと大きい車に買い換えるつもりだった分を充てよう」と、自分の中で会計処理しました。修士課程の研究者としては失格だった「邪道?」かもしれませんが、とにかく、零細病院に勤務しながら、勉強の機会をもらう上で②を期待されており、スタッフ教育に活かせるように…と意識しながら、「小規模病院の特性を活かした医療事故防止への取組み」をテーマとし、修士論文に取り組みました。

研究テーマである医療安全の構築には、人間・機械・システムにエラーを起こさせない工夫が必要であり、エラーが起こっても事故にならないシステムが求められています。全体の約七割を占める二〇〇床以下の小規模病院においては、大規模病院と比較し、人的要因・設備的要因・システム的要因において医療事故に繋がる、より多くのリスクファクターが存在するのに、その取組みは遅れています。人が少ない・物（安全対策機器）も少ない・お金もない…そんな状況下の小規模病院の強みを強いて挙げれば、小さいことによる職員間コミュニケーションが取りやすいこと、と考えました。複数の専門職者が連携して運営される医療機関は、それぞれが利己的に振舞う可能性が高く、「整理・整頓・清潔（三つのS）」の徹底を含め、いかに柔軟で人間性に富んだ組織にするかが、医療事故を防ぐ大きな鍵であるということを、多少の病院間比較データなども活用しながら書き進めました。お世辞にもアカデミックな内容ではなかったと思いますが、宮本先生の温かなご指導により、何とか完成できました。「仕事をしながら勉強している」ということに対する、先生の理解や共感の深さがあったからこそと、今でも本当にありがたく思っています。共に学ぶ仲間やOBも人柄の良い人ばかりで、これは宮本先生の人間的魅力によるものと思っています。これはお世辞ではありません、パソコンを使った近代的でバーチャルな学びの場ではあっても、結局は「ひと」そのものが全てに現れるということを実感しています。

修士課程修了後は、（開き直るつもりではありませんが）博士課程に進むような研究者としての資質も能力もないと諦め、②で求められた病院経営実務者としての努力をするのが、自分の本分と悟りました。修士論文では対象を医療安全としましたが、実際には「安全」だけが単体で成立するものではなく、それは人が織り成す病院運営全体の一部である…と大風呂敷を広げ、煙ったがられながら、いろいろと病院運営全体の改善にみんなで取り組みました。そこでも大学院で勉強したこと（というより方法）がかなり役に立ちました。それから、どうせ読んでも分からない！と若い頃から逃げていた、ヘーゲルのような難解な書物にも強制的？に接することができ、これが分からないなりに意外と面白かったりして、ちょっと自分の知的好奇心の許容範囲が広がり、こんなことも在学中の副産物として感謝しています。「社会に出てから、もう一度学ぶ」、それが段々と当たり前になってくれば、働く人にも組織にも大きな成長のチャンスを提供すると思います。仕事をしながら学べる通信制大学院としてのパイオニアである、日本大学大学院通信制修士課程の存在はとても大きいですし、ＯＢの一人として益々の発展を祈っております。

七　良い師に恵まれて　五期生（理学療法士）

午後八時。この時間といえば左右にカルテの山を築き、一日の診療を記載していることが常でした。千床ある病床に対し、リハビリを専門とする理学療法士はたったの七人。夜遅くまで仕事があるのは必然的な環境でした。現場で仕事をするのが大好きな私は、患者さんと二人三脚で汗を流し、少しでも早く患者さんが社会復帰できるよう、共にリハビリに励んでいました。その一方で、自分の行っているリハビリは本当に効果があるのか、方法はこれで良いのか、という疑問も持っていました。研究の方法を学び、臨床に生かすことができたら、こんなに素晴らしいことはないだろうと考えていたのです。しかし、現実問題として大学院の修士課程は平日夜間の通いが多く、少ないところでも週三回は通学が義務づけられている所ばかりでした。「やはり今の職場ではムリか…」と私は半ば諦めていました。

年の瀬も近づいたある日、楽器を弾くのが趣味の私は、放射線科にいる病院の大先輩と、マンドリンとピアノのデュエットで、病院の忘年会に出演することになっていました。会場に向かうタクシーの中、雑談から大学院へ進学してみたいという夢話をしていました。すると、その先輩はこう言いました。「日大には毎週通わなくても良い通信制の大学院があるんだ。一度その先生を訪ねてみるといい。」。思いもよらぬ素晴らしいお話に喜びながらも戸惑いつつ、その先生を訪ね、そして縁あって通うことになったのです。

通いが少ないことは、それだけ在宅で学ぶ負担は大きいということなのだろうと、入学前から予想はしていました。しかし、その予想以上に現実は厳しいものでした。一年目から一万字のレポートが二十本!、驚きの数字です。平日、仕事で疲れ切ってしまう私は、土日の全てを費やし、レポート書きに明け暮れました。日夜、自宅でレポートを書いていると、ふと孤独感に襲われます。「自分だけレポートが遅れているのではないか?」、「私はこれで本当に卒業できるのか?」様々な想いが脳裏をよぎります。そんな時、支えになったのは、意外にも全国各地に散らばっている仲間たちでした。住んでいる場所は遠くても、文明の利器「インターネット」がその心をつないだのです。真夜中、レポートを書くのに励んでいると、「頑張ってる？」と同期からのメール。忙しいはずなのに、つい返信してみたり、距離を感じさせないシステムがそこにはありました。支えられたのはインターネットだけではありません。年に数回のスクーリングが、現役時代からの同窓会でした。そんなに頻繁に会っているわけではないのに、毎日通いの学校と同じような連帯感がそこにはあり、重要なのは通う「量」なのではなく、「質」なのだと私は確信しました。

学校のシステムも重要ですが、いくらシステムの良い学校に入っても、良い教師に出会えなければ充実した大学院生活を送ることはできません。その点においても、私は宮本ゼミに入ることができ幸せでした。社会人・在宅学習という特性から、学生の指導方法にもかなりの経験と工夫が必要だと思います。そんな中、いつも暖かくメールで励ましてくださったり、時には厳しく叱ったりと、絶妙な距離感で指導してくださいました。卒業後も時折雑談をしに伺うほど先生との会話は楽しく、いつも「学び」の意欲が湧いてきます。学びの「システム」、そして「人」両方そろったこの大学院に通えて、私は心から良かったと思っています。

八　NASA研修旅行　五期生（大学教員）

私が入学する前の先輩方の時代は、NASDA（現JAXA）の施設への研修旅行を実施していたそうです。私が一年生の時に同級生の間で、「せっかくだからNASAに行きたいよね！」との話で盛り上がりました。たまたま同級生に、宇宙関係の学会やイベント運営などで活躍している方がいたことも、実行に結びついた縁だと思います。NASAは、フロリダとヒューストンに主要な施設があります。フロリダ州メリット島の「ケネディ宇宙センター（KSC）」では、主にスペースシャトルやロケットの打ち上げを、テキサス州ヒューストンの「ジョンソン宇宙センター（JSC）」には、打ち上げ後の管制や宇宙飛行士の訓練施設などがあります。KSCでは、予想もしていなかったデルタⅡロケットの打ち上げが見学できたり、発射台の大きさに驚いたりと充実した内容でした。映画などで「こちらヒューストン」というシーンは有名ですが、JSCでは実際に管制センターや宇宙飛行士の訓練の様子が見学できたり、アメリカの宇宙開発の歴史が実際の宇宙船や宇宙服などとともに勉強できたりと、こちらも有意義な時間でした。

アメリカでの最後の夜に参加者全員でディナーをしたのですが、その時のエピソードをひとつ。ステーキを食べに行ったのですが、メニュー表にはステーキの大きさがオンスで書かれていました。ウェイターが注文をとりにきたのですが、私の発した言葉にびっくりでした。私は「七オンス」のステーキを頼もうとして「ななおんす」と注文したのでした。慌てて周りの方が指摘してくれましたが。スーパーでお酒を買おうとしてレジに並んだ時も、「ID（パスポート）を見せて」と言われたのに全く理解ができずに、あたふたして時間がかかっているうちに、後ろにお客さんがたくさん並んで、「行列のできるレジ」にしてしまったこともありました。数年前にはこんな状態でしたが、このNASA研修をきっかけに英会話をはじめました。今では国際学会で発表したり、ひとりでアメリカに行ったり、英語のできない上司を連れてアメリカ出張に行ったりと、少しずつですが前に進んでいます。

宮本先生と出会い、「宇宙人間科学特講」を受講し、ＮＡＳＡ研修旅行に行った私は、宇宙に強く惹かれるようになりました。診療放射線技師をしていましたので、宇宙飛行士の体を宇宙放射線の被ばくから防護する研究などに、興味がありました。そんな二〇〇八年にＪＡＸＡから、新たに宇宙飛行士候補者三名を募集するとの情報を入手しました。応募条件は甘くなく、自然科学系の大学を卒業、医学的特性、英語能力、コミュニケーション能力などの、幅広い知識や能力が求められました。私は自然科学系の大学を卒業していないので(放送大学教養学部卒業)、書類審査にも該当しない可能性はありましたが、英語試験は受験許可をいただきました。英語試験の内容は詳しく書けませんが、宇宙飛行士になる上で必要となる、「聴く」、「話す」、「読む」、「書く」などの力が試されるものでした。応募者九六三名のうち、宇宙飛行士選抜試験の書類・英語試験合格者は二三〇名でした。今回は残念な結果になりましたが、何十年先になるかわからない次回の試験に向けて、英語力や研究能力を高めて行きたいと思います。永遠の憧れの職業は「宇宙飛行士」ですね。

九　素晴らしい仲間　六期生(短大教員)

職業柄「大学院は出ておかないとダメだ」と言われ続けていた当時、仕事をしながら通信教育で四年制大学を卒業する年度となった私は、卒業後続けて職場近隣の大学院への進学を考えていました。その頃、職場の同期から紹介されたのが「日本大学大学院総合社会情報研究科」です。話を聞くと、紹介してくれた同期の恩師が開講準備に関わっている、日本初の通信教育制大学院とのこと。同期の恩師はアジア経済が専門であるため、私の興味分野とはまったく異なっていることから「ここも見送りかな」と思いましたが、三専攻の中の人間科学専攻の幅の広さに「ここなら」と思い、出願を決意しました。

出願するためには研究計画書が必要です。昔の恩師を頼って進学した同僚の場合、当時の研究の延長や恩師のサポートから研究を計画し、進学することが大半のようです。しかし、ツテのない私にはこのようなバックボーンはありませんので、卒業論文をまとめる中で浮かんだ疑問点をもとに研究計画書を作成しました。通信制大学での私の卒業論文は、当時問題視されていた電子機器から放射される電磁波による人体への影響を低減させるために、放射パターンを計測した結果から対策法を検討するものでした。不明確な問題における両極端な反応を起こさないための適切な対応法・伝達法について、心理学から考察することを大学院での研究テーマとして受験に臨みましたが、この年は不合格。残念ながら、第一期入学生になることはできませんでした。その翌年、研究テーマを変えて再度臨むも不合格で、数年進学をあきらめた後、三回目のチャレンジで入学できました。

以前通っていた通信制の大学では、同級生との交流がほとんどなかったため、大学院でも研究に追われるばかりで、メンバーとは疎遠になってしまうのではと思っていました。しかし、メーリングリストによる連絡や、定期的なゼミ合宿・スクーリング、メンバーとの旅行などにより、通信制にも関わらず交流はかなり多かったと思います。レポート提出期限が近くなると、レポートを書いている深夜二時すぎに、相談メールが届くこともありました。各地でがんばっているメンバーの姿を思い浮かべながら、睡眠時間を削ってレポートを書いていました。ゼミのメンバーとは、研究や選択科目レポートの進捗報告や相談のような、学習に関することに限らず、職場の問題や観光案内など、さまざまなやりとりがありました。身近な人からのアドバイスとは違った意見が得られて、とても新鮮でした。

大学院への進学を考えてから約七年の歳月が経ってしまいましたが、日本武道館でおこなわれた日本大学合同卒業式の際、アリーナ席で大学院名を呼ばれて起立したときの風景は、今でも頭に浮かんできます。修了式後の謝恩会で、総合社会情報研究科を紹介してくれた同期の恩師にはじめてお会いし、挨拶をすることができました。初年度は不合格だったことを覚えていらっしゃったようでした。当時を思い出しながら歓談できるところまで、ようやく辿り着くことができてうれしかったです。バタバタと過ごした二年間でしたが、今思えば「よくあんなに大量の文章が書けたな～」というのが一番の思い出です。ゼミのメンバーの多くがさらに次の研究へと進んでいくなか、現在の私は研究から離れた職務に就いています。現状では大学院修了が職務に反映されない、また活かせない状態ですが、二年間で得たことがいつか役立つ日が来ることを願っています。

十　大学院は思索の場　十期生（会社員）

私は二〇〇八年四月に、日本大学大学院総合社会情報研究科人間科学専攻の修士一年へ、五十五歳で入学させて頂きました。面接試験でかなり厳しい質問が続出しましたので、合格は覚束ないと思っていました。私は航空宇宙を専門とする技術士ですが、このままでの人類の行き先に疑問を感じ、その解決を宮本ゼミに求めました。ネットで辿りついた宮本先生のユニークなご経歴に、解決の糸口があると直感しました。私は、ODA（政府開発援助）に携わり、激変する地球環境に熱い視線を向けながら、常に現地へ飛ぶことを信条とし、今日までに延べ八十カ国以上を踏査してきました。その結果、「インフラ重視の都市型開発は人類を幸福にしない」という結論に至りました。どんなに社会基盤を整備しても、人間の開発なくて人類の未来はないと気づいたからです。先人たちの英知である哲学や社会思想や宗教観などが、科学技術を生かす発展的要素であると考えたからです。エジプト、メソポタミア、インダスなど人類文明の興亡を繰り返し、今日まで辿りついた我々の次の行き先を考えた場合、三つの選択肢があると思います。①今の文明で人類が滅びる場合、②地球上で次の文明を開花させる場合、そして③宇宙に新天地を求めて飛翔する場合。どのケースもあり得ると考えますが、総合社会情報研究科はその思索の場です。多くの社会人に、かかる未来志向の旅に出られますことを希求して止みません。

付録2　通信制大学院の一覧

① **日本大学大学院**（埼玉県所沢市）
博士前期課程
総合社会情報研究科（国際情報専攻、文化情報専攻、人間科学専攻）
博士後期課程
総合社会情報研究科（総合社会情報専攻）
ウェッブサイト：http://atlantic2.gssc.nihon-u.ac.jp/
電話：〇四－二九九六－四一六〇

② **佛教大学大学院**（京都府京都市）
修士課程

文学研究科（浄土学専攻、仏教学専攻、仏教文化専攻、日本史学専攻、東洋史学専攻、国文学専攻、中国文学専攻、英米文学専攻）
教育学研究科（生涯教育専攻、臨床心理学専攻）
社会学研究科（社会学専攻）
社会福祉学研究科（社会福祉学専攻）
博士後期課程
文学研究科（仏教学専攻、日本史学専攻）
ウェッブサイト：http://www.bukkyo-u.ac.jp/daigakuin/correspondence/
電話：〇七五−四九一−〇二三九

③ **明星大学大学院**（東京都日野市）
博士前期課程
人文学研究科（教育学専攻）
博士後期課程
人文学研究科（教育学専攻）
ウェッブサイト：http://www.meisei-u.ac.jp/dce/grad/index.html
電話：〇四二−五九一−五一一五

④　**聖徳大学大学院**（千葉県松戸市）

博士前期課程

児童学研究科（児童学専攻）

博士後期課程

児童学研究科（児童学専攻）

ウェッブサイト：http://www.seitoku.jp/tk/grad.php

電話：〇四七−三六五−一一〇〇

⑤　**東北福祉大学大学院**（宮城県仙台市）

修士課程

総合福祉学研究科（社会福祉学専攻、福祉心理学専攻）

ウェッブサイト：http://www.tfu.ac.jp/tushin/gs_yoko/enter.html

電話：〇二二−二三三−二二一一

⑥　**名古屋学院大学大学院**（愛知県名古屋市）

博士前期課程

外国語学研究科（英語学専攻）

博士後期課程
　外国語学研究科（英語学専攻）
ウェッブサイト：http://www.ngu.jp/faculty/graduate/foreign/eng_tsushin.html
電話：〇五二－二四二－五三〇〇

⑦ **人間総合科学大学大学院**（埼玉県さいたま市）
修士課程
　人間総合科学研究科（心身健康科学専攻）
博士課程
　人間総合科学研究科（心身健康科学専攻）
ウェッブサイト：http://www.human.ac.jp/in/index.php
電話：〇四八－七四九－六一一一

⑧ **高野山大学大学院**（和歌山県伊都郡）
修士課程
　文学研究科（密教学専攻）
ウェッブサイト：http://www.koyasan-u.ac.jp/modules/wraps/index.php/tusin.html

電話：〇七三六―五六―五〇四七

⑨ **桜美林大学大学院**（東京都町田市）

修士課程

大学アドミニストレーション研究科（大学アドミニストレーション専攻）

ウェッブサイト：http://www.obirin.ac.jp/graduateschool/300/312b.html

電話：〇四二―七九七―九九一〇

⑩ **東京福祉大学大学院**（群馬県伊勢崎市）

博士前期（修士）課程

心理学研究科（臨床心理学専攻）

社会福祉学研究科（社会福祉学専攻、児童学専攻）

ウェッブサイト：http://www.tokyo-fukushi.ac.jp/daigakuin/tsuushin.html

電話：〇二七〇―二〇―三六七一

⑪ **日本福祉大学大学院**（愛知県名古屋市）

修士課程

社会福祉学研究科（社会福祉学専攻）
国際社会開発研究科（国際社会開発専攻）
博士課程
福祉社会開発研究科（国際社会開発専攻）
ウェッブサイト：http://www.n-fukushi.ac.jp/daigakuin.htm
電話：〇五二―二四二―三〇五〇

⑫ **京都造形芸術大学大学院**（京都府京都市）
修士課程
芸術研究科（芸術環境専攻）
ウェッブサイト：http://www.kyoto-art.ac.jp/tg/
電話：〇一二〇―二〇―九一四一

⑬ **日本女子大学大学院**（東京都文京区）
修士課程
家政学研究科（通信教育課程家政学専攻）
ウェッブサイト：http://www.jwu.ac.jp/ccde/grd_prospectus.html

電話：〇三－五九八一－三三〇〇

⑭ **京都産業大学大学院**（京都府京都市）

修士課程

経済学研究科（経済学専攻）

ウェッブサイト：http://www.kyoto-su.ac.jp/graduate/tsushin/t_ec/

電話：〇七五－七〇五－一四五二

⑮ **帝京大学大学院**（栃木県宇都宮市）

修士課程

理工学研究科（情報科学専攻）

ウェッブサイト：http://www.teikyo-u.ac.jp/graduate_school/sci/index.html

電話：〇二八－六二七－七一一七

⑯ **九州保健福祉大学大学院**（宮崎県延岡市）

修士課程

社会福祉学研究科（社会福祉学専攻）

保健科学研究科（保健科学専攻）
連合国際協力研究科（国際協力専攻）
博士（後期）課程
連合社会福祉学研究科（社会福祉学専攻）
保健科学研究科（保健科学専攻）
ウェッブサイト：http://www.phoenix.ac.jp/faculty/graduate_school/
電話：〇九八二－二二－五五三五

⑰ **吉備国際大学大学院**（岡山県高梁市）
修士課程
社会福祉学研究科（社会福祉学専攻）
連合国際協力研究科（国際協力専攻）
知的財産学研究科（知的財産学専攻）
保健科学研究科（理学療法学専攻、作業療法学専攻）
環境リスクマネジメント研究科（環境リスクマネジメント専攻）
博士（後期）課程
心理学研究科（臨床心理学専攻）

連合国際協力研究科（社会福祉学専攻）
ウェッブサイト：http://kiui.jp/pc/tsushin/index.html
電話：〇八六六－二二－三六五四

⑱ **帝京平成大学大学院**（東京都豊島区）
修士課程
情報学研究科（情報学専攻）
ウェッブサイト：http://www.thu.ac.jp/tsushin/grads/index.html
電話：〇三－五八四三－三一三一

⑲ **放送大学大学院**（千葉県千葉市）
修士課程
文化科学研究科（文化科学専攻）
ウェッブサイト：http://www.ouj.ac.jp/hp/gakuin/index.html
電話：〇四三－二七六－五一一一

⑳ **ビジネス・ブレイクスルー大学大学院**（専門職大学院、東京都千代田区）
修士課程
経営学研究科（経営管理専攻、グローバリゼーション専攻）
ウェッブサイト：http://www.ohmae.ac.jp/
電話：〇三－五八六〇－五五三一

㉑ **武蔵野大学大学院**（東京都武蔵野市）
修士課程
人間学研究科（人間学専攻）
ウェッブサイト：http://www.mwu-wbt.jp/tsushin/daigakuin/index.html
電話：〇四二二－五二－六七八九

㉒ **ＳＢＩ大学院大学**（専門職大学院、神奈川県横浜市）
修士課程
経営管理研究科（アントレプレナー専攻）
ウェッブサイト：http://www.sbi-u.ac.jp/index.html
電話：〇四五－三四二－四六〇五

㉓

岐阜女子大学大学院（岐阜県岐阜市）

修士課程

文化創造学研究科（文化創造学専攻、初等教育学専攻）

ウェッブサイト：http://www.gijodai.jp/graduate/

電話：〇一二〇-六六-一一八四

㉔

倉敷芸術科学大学大学院（岡山県倉敷市）

修士課程

芸術研究科（美術専攻）

産業科学技術研究科（機能物質化学専攻）

人間文化研究科（人間文化専攻）

ウェッブサイト：http://www.kusa.ac.jp/faculty/graduate/graduate_tushin

電話：〇八六-四四〇-一一〇一四

㉕

東亜大学大学院（山口県下関市）

修士課程

総合学術研究科（法学専攻、人間科学専攻、環境科学専攻、情報処理工学専攻、デザイン専攻）

ウェッブサイト：http://www.toua-u.ac.jp/tsusin/
電話：〇八三-二五六-一一一二

㉖ **明治国際医療大学大学院**（京都府南丹市）
修士課程
鍼灸学研究科（鍼灸学専攻）
ウェッブサイト：http://www.meiji-u.ac.jp/gakubu_in/in/m_tsushin/top
電話：〇七七一-七二-一一八八

著者紹介

宮本　晃（みやもと　あきら）
医学博士（外科学）、理学修士（航空宇宙医学）、宇宙航空医学認定医
学　　歴　上智大学理工学部電気電子工学科卒（1966年）
日本大学医学部卒（1970年）
日本大学大学院医学研究科博士課程修了（1974年）
米国 Ohio 州、Wright 州立大学医学部大学院修了（1989年）
現在、日本大学大学院教授、総合社会情報研究科、人間科学専攻
日本大学医学部教授、社会医学系衛生学分野（兼担）
委 員 歴　宇宙航空研究開発機構、宇宙飛行士審査委員会、医学審査専門委員会委員（1999年～現在）
文部科学省、宇宙開発委員会、安全部会特別委員（2001年～現在）
文部科学省、大学設置・学校法人審議会、大学設置分科会専門委員（通信教育）（2001～2006年）
大学基準協会、大学通信教育基準検討委員会委員（1999～2006年）

主要論文

1）無重量状態下における顔面浮腫の推移、宇宙航空環境医学（2007年）
2）宇宙飛行士の健康管理を目的としたHDTV映像の評価、宇宙航空環境医学（2006年）
3）Medical Baseline Data Collection on Bone and Muscle Change with Space Flight, Bone（1997年）
4）Mapping of Evoked Magnetic Field with Visual Stimulation: A Secondary Projection and Processing Area, Aviation, Space and Environmental Medicine（1991年）

あなたの未来を拓く通信制大学院　日本大学大学院・宮本ゼミの12年のドキュメント

2011年9月15日　初　版第1刷発行　〔検印省略〕

＊定価はカバーに表示してあります

発行者　下田勝司　印刷・製本　中央精版印刷

東京都文京区向丘1-20-6　郵便振替　00110-6-37828　発行所
〒113-0023　TEL 03-3818-5521（代）　FAX 03-3818-5514　株式会社 東信堂
E-Mail tk203444@fsinet.or.jp

Published by TOSHINDO PUBLISHING CO.,LTD.

1-20-6, Mukougaoka, Bunkyo-ku, Tokyo, 113-0023, Japan

ISBN978-4-7989-0077-3　C3037　

東信堂

比較教育学—越境のレッスン　馬越徹　三六〇〇円
比較教育学—伝統・挑戦・新しいパラダイムを求めて　M・ブレイ編著　馬越徹・大塚豊監訳　三八〇〇円
世界の外国人学校　福田誠治・末藤美津子編著　三八〇〇円
ヨーロッパの学校における市民的社会性教育の発展—フランス・ドイツ・イギリス　武藤孝典・新井浅浩編著　三八〇〇円
世界のシティズンシップ教育—グローバル時代の国民／市民形成　嶺井明子編著　二八〇〇円
市民性教育の研究—日本とタイの比較　平田利文編著　四二〇〇円
多様社会カナダの「国語」教育（カナダの教育3）　関口礼子・浪田克之介編著　三八〇〇円
国際教育開発の再検討—途上国の基礎教育普及に向けて　小川啓一・西村幹子・北村友人編著　二四〇〇円
中国教育の文化的基盤　顧明遠著　大塚豊監訳　二九〇〇円
中国大学入試研究—変貌する国家の人材選抜　大塚豊　三六〇〇円
中国高等教育独学試験制度の展開　南部広孝　三二〇〇円
大学財政—世界の経験と中国の選択　呂煒編著　成瀬龍夫監訳　三四〇〇円
中国の民営高等教育機関—社会ニーズとの対応　鮑威　四六〇〇円
「改革・開放」下中国教育の動態—江蘇省の場合を中心に　阿部洋編著　五四〇〇円
中国の職業教育拡大政策—背景・実現過程・帰結　劉文君　五〇四八円
中国の後期中等教育の拡大と経済発展パターン—江蘇省と広東省の比較　呉琦来　三八二七円
中国高等教育の拡大と教育機会の変容　王傑　三九〇〇円
バングラデシュ農村の初等教育制度受容　日下部達哉　三六〇〇円
オーストラリア学校経営改革の研究—自律的学校経営とアカウンタビリティ　佐藤博志　三八〇〇円
オーストラリアの言語教育政策—多文化主義における「多様性と」「統一性」の揺らぎと共存　青木麻衣子　三八〇〇円
マレーシア青年期女性の進路形成　鴨川明子　四七〇〇円
「郷土」としての台湾—郷土教育の展開にみるアイデンティティの変容　林初梅　四六〇〇円
戦後台湾教育とナショナル・アイデンティティ　山﨑直也　四〇〇〇円

〒113-0023　東京都文京区向丘 1-20-6　TEL 03-3818-5521　FAX03-3818-5514　振替 00110-6-37828
Email tk203444@fsinet.or.jp　URL:http://www.toshindo-pub.com/

※定価：表示価格（本体）＋税